次世代リーダーに求められる人を動かす力

青木仁志
Satoshi Aoki

ACHIEVEMENT

次世代リーダーに求められる

人を動かす力

青木仁志

不確実性の時代こそ、未来を拓《ひら》くリーダーシップが求められている

私は今年、社会に出て51年目を迎えた。

改めて振り返ってみると、昨今の急激な時代の変化には驚きを禁じ得ない。

グローバル経済が発展した一方で、足下を見ると、「失われた20年」による国内経済の低迷、少子高齢化や人口減少などによる地域コミュニティの存続の危機など、社会的課題が山積している。

ＡＩが人間の知能を超えるシンギュラリティ（技術的特異点）の到来も、もはや近未来のＳＦではなくなりつつある。

ここ十数年に限っても、１０００年に1度の大震災とも呼ばれる東日本大震災をはじめ、多くの自然災害に見舞われた。１００年に1度のパンデミック（感染症の世界的大流行）となったコロナ禍では、行動が制限され、経済活動は停滞。いまだ回復には至っていない。

時代の変化はあまりにも急速で、予想もしなかった危機が次々に訪れているのが現実だ。

何が正しい答えなのか、誰も知らない。私たちは手探りながらも仮説を立て、自らの進むべき方向を決め、人事を尽くすしかない。

こうした不確実性の時代に、リーダーはどうあるべきか。

私は能力開発のプロフェッショナルとして、36年にわたり人材育成に携わる一方、7000人以上の中小企業経営者に指導を行ってきた。

そういった活動を通じ、いつからか、今の疲弊した日本の社会や経済を立て直し、未来を拓くリーダーシップのあり方を示したいと思うようになった。

それが、この本の出版を企画した理由である。

日本の未来をつくる主役は若者たちであり、今、日本は次世代のリーダーを必要としている。

若き次世代リーダーが育つ場・青年会議所（JC）

2023年1月1日現在、日本の総人口（概算）は1億2477万人で、前年同月比で53万人も減少している（総務省統計局「人口推計」2023年1月報）。

年齢階級別に見ると、日本の人口のボリュームゾーンは50～54歳で、その数は950万人に達し、次いで45～49歳が939万人、70～74歳が922万人と続く。

40歳以上の人口を足してみると、7861万人になる。

これに対し20～39歳の若者は、2621万人しかいない。

我が国で、若者がいかに貴重な存在になっているかを、おわかりいただけるだろう。

ちょうどこの貴重な年代（満20～40歳）の志高き若者たちが、ボランティアや社会的課題の解決に一生懸命取り組んでいる団体が、青年会議所（Junior Chamber）だ。「ＪＣ」という略称を耳にしたことがある人も多いのではないかと思う。

ＪＣの会員（Ｊａｙｃｅｅ《ジェイシー》）たちは、自らを「青年経済人」と呼び、「修練」「奉仕」「友情」という3つの信条のもと、「明るい豊かな社会」の実現を目指す社会貢献活動を行っている。

詳しい紹介は本書のコラム等に譲るが、ＪＣは、１２０カ国以上に17万人以上の会員をもつ世界的な組織だ。日本には約３万人の会員がいて、全国に６８４（２０２２年時点）の各地青年会議所（ＬＯＭ《ロム》）がある。全国的な活動を行うための総合調整機関になっているのが、公益社団法人日本青年会議所（JCI Japan）だ。

日本青年会議所は、２０２０～２０２４年の中期の運動指針として、こんなスローガンを掲げている。

「地域に根ざし、国を想い、世界を変えよう。」

ＪＣが手がける社会貢献活動は、地域特性を活かしたまちづくり運動、未来を担う子どもたちの健全な育成のための青少年事業、スポーツ振興、国際交流などのほか、自然災害の復興支援などのボランティアにまで及ぶ。

ＬＯＭの運営は、主に会員の年会費で行われており、役員をはじめ会員全員が無報酬。まったくの手弁当だ。

ＪＣの会員は企業の創業者や2代目、３代目以上の経営者、事業継承者が大半を占める。知人に誘われ、仲間やつながりを求めて入会する人が多いのだが、活動をしているうちに、地域経済やまちづくりの担い手としての自覚が芽生え、成長を遂げていく。彼らは近い将来、地域や国を支え世界に貢献する、〝次世代のリーダー〟として頭角を現すだろう。

「３万人の仲間を動かすリーダーシップ」に学ぶ

私は１９８７年にアチーブメント株式会社を設立し、戦略的目標達成プログラム『頂点への道』講座をはじめとした研修の講師として、のべ47万人以上の人財育成と、７０００人を超える中小企業経営者教育に携わってきた。

その活動を通じ、「日本経済を再生する鍵は、日本全国に毛細血管のように広がる中小零細企業の活性化にある。そのためには、中小零細企業の経営者の指導力開発が欠かせない」という確信を抱くようになった。

指導力、すなわちリーダーシップの開発は、まさにＪＣが長年取り組んできたテーマそのものである。ＪＣは、将来の日本経済の担い手となる青年たちに、「リーダーシップの開発と成長の機会」

を提供することをミッションに掲げている。

「青年会議所は、青年が社会によりよい変化をもたらすためにリーダーシップの開発と成長の機会を提供する」

（ＪＣＩ　ミッション日本語意訳）

日本青年会議所でトップを務めているのが、会頭である。会頭に立候補できるのは、ＪＣでの経歴を含め、一定の要件を満たしたＪＣ会員で、毎年選挙によって選出され、1年間の任期を務める。

日本青年会議所の会頭はまさに、全国約3万人のＪＣ会員を牽引する、リーダーのなかのリーダーだ。本書は、当社が日本青年会議所の賛助企業に加入した２０１８年度の会頭、池田 祥護《しょうご》さんをはじめ5人の歴代会頭に登場していただいている。

- **第67代会頭（２０１８年度）池田 祥護さん**
- **第68代会頭（２０１９年度）鎌田 長明《たけあき》さん**
- **第69代会頭（２０２０年度）石田 全史《まさふみ》さん**
- **第70代会頭（２０２１年度）野並 晃《あきら》さん**
- **第71代会頭（２０２２年度）中島 土《つち》さん**

彼らは1年という任期の間、3万人の仲間に向けて自分たちが進むべき方向性を示し、理念への共感が深まるよう努め、組織を動かすために、様々な試行錯誤を重ねてきた。

JCの活動自体が、無報酬かつ手弁当の社会貢献であるだけに、金銭的な報酬はモチベーション向上の手段にはなり得ない。また社会貢献活動は、強制によってではなく、個人が当事者意識をもって行うからこそ意義をもつ。

ということは、そこで発揮されるべきリーダーシップは、メンバーの心に本当に響き内面を変化させ、自らの意志による行動変容を促すものでなくてはならない。

つまり、リーダーの人間力が大きく問われることになる。

予測どおり2045年に、シンギュラリティの時代が到来したとしても、クリエイティビティ（創造性）、ホスピタリティ（おもてなしの心）、マネジメント（経営）は、あくまでも人が生み出し、人だからこそなし得るものだ。

同様に、人の心に訴え、相手が内面から変化し行動するよう促すことも、人間にしかできない。だからこそ私たちは、人を動かすリーダーに必要とされる「人間力」とは何か、しっかり学んでおく必要がある。

本書では、JCという「リーダーシップの開発と成長の機会」が得られる場で、5人の歴代会頭がどのような学びや気づきを得てリーダーシップを磨き、実践してきたのか、ディスカッションを重ねた。

その結果、次世代のリーダーに求められる「人を動かす力」には、次の5つの要素があるという結論に至った。

1. 向かう先を決める
2. 範を示す
3. 力を引き出す
4. 尽くす
5. 文化をつくる

「向かう先を決める」ことは、組織の存在理由となる理念を確立し、理念に基づく明確なビジョンを定めること。このビジョンは、組織に所属する人々が活動をする際の錦の御旗となる。「範を示す」とは、言葉で人を動かすのではなく、自ら率先垂範するということ。人は、その姿勢に心を動かされる。

そして自律型組織をつくるうえで欠かせないのが、周りの「力を引き出す」ことだ。外から強制するのではなく、内側（願望）からの動機付けを尊重する。「尽くす」ことは、リーダーがメンバーを支える「サーバントリーダーシップ」に通じ、メンバーがより主体的に活動することにつながる。

そして最後の「文化をつくる」ことで、組織に理念が浸透し、よい組織風土を築ける。リーダーにはぜひ、これらを心していただきたい。

この5つの「人を動かす力」は、昨今語られることの多いパーパス経営・理念経営を目指す経営者にも、大いに役立つだろう。私も今でいうパーパス経営こと理念経営を、高業績と良好な人間関係を両立する「人軸経営」として36年間実践してきた。

「向かう先を決める」については池田さん、「範を示す」は石田さん、「力を引き出す」は鎌田さん、「尽くす」については野並さん、「文化をつくる」は中島さんに自身の体験を交えながら語っていただいた。それぞれが語ったあとには、私が自身の経験を踏まえたうえで5つの「人を動かす力」の本質を掘り下げ、実践のためのアドバイスを記している。

5人の歴代会頭からは、JCでの活動はもちろん、本業である経営者としての仕事についても、貴重なエピソードを披露していただいた。それらを通じ、彼らが何を大事にし、どんな試行錯誤を重ね、行動してきたかを知ることは、非常に有意義である。そこから「人を動かす力」を体得し、リーダーとして成長するためのヒントをつかんでいただけたら幸いだ。

また本書を通じて、JCがどういった組織で、3万人の会員たちはどのような活動をし、何を学んでいるのかということを広く知っていただくと共に、これからの日本の担い手となる若者たちに、真の指導者育成を行っている組織だということを啓蒙できたらと思う。

JCでの学びが私の視野を広げ、志を育ててくれた

この私も、かつてJCで多くを学ばせていただいた卒業生の1人だ。

私が公益社団法人東京青年会議所品川区委員会に入会したのは、34歳のときである。「社会貢献をしたい。社会の役に立ちたい」という思いが高じて入会したのではなく、その頃、親しくお付き合いさせていただいていた企画会社の社長に、「仲間が増える」と誘われ会員になった。

貧しい幼少期を過ごしたのち、鉄工所の工員から歩合制セールスの世界でトップセールスマン、トップマネジャーへと駆け上がり、32歳でアチーブメント株式会社を設立。その2年目の頃である。

学歴もなく実績だけで勝負してきた私には、「ここで人脈を広げたい」という思いに加え、「青年会議所のバッジをつけてみたい」という憧れに似た感情もあった。

入会当初から書記幹事という役職をいただき、スタッフとして汗をかいた。まもなく、本業である教育関連の委員会で仕事ができるようになり、日本青年会議所の本会にも出向し、教育部会で仕事をさせていただく機会に恵まれた。

はからずも、第7代の教育部会長まで務めさせていただき、オーストリアのウィーン大学やアメリカのハーバード大学、スタンフォード大学をはじめ、世界の様々な大学を訪れて議論を重ねるという貴重な体験をした。当時、行動を共にした仲間たちとは、今も親交がある。

下村博文元文部科学大臣との知遇を得たのも、教育部会に所属していた頃だ。下村さんは新聞奨

学生として苦学した経験をもっている。

当時すでに、「将来、文部大臣になる」と公言しており、２０１２年12月26日に発足した第２次安倍内閣で、文部科学大臣兼教育再生担当大臣として入閣し、その志を遂げられた。人間学を土台に据えた道徳教育をはじめ、教育改革に数多くの実績を残されている。

私自身はアチーブメントで研修講師として、これまでのべ47万人以上の人財育成に携わり、中小企業の経営者教育にも力を注いできた。

下村さんも私も、教育を人生の大きなテーマに据えて、使命感をもって取り組んできたのだ。

今、下村さんが会長を務める教育立国推進協議会は、これからの日本が目指すべき教育は「一人ひとりが志を持ち、自らの能力に気づき、その能力を啓《ひら》き育てる環境」（教育立国推進協議会設立趣意書）を整えることである、という日本の将来を左右する重要な提言を行っている。

教育立国推進協議会とは、超党派の国会議員１３９人、教育分野で先駆的な取り組みを行っている企業経営者や教育関係者からなる民間有識者89人を発起人とし、２０２１年11月に設立された有志による団体だ。

私も、民間有識者の1人として参画させていただいている。会長代行および「インプット教育からアウトプット教育へ」をテーマとする分科会のリーダーを務め、「『教育』の役割の再定義」や「社会で活躍する人材の育成」などに関する提言書を、分科会のメンバーたちとまとめ上げた。

私は、旧教育基本法にあるように、教育は「人格の完成」を目指して行われるものであり、わかりやすく言えば「よりよく生きる技術を身につけること」を目的とするものだと考えている。

最近、生涯にわたって学び続ける「リカレント教育」の大切さが、広く理解されるようになってきた。私たちが、よりよく生きる技術を身につける、あるいは人生の質を自ら高めていくうえで、リカレント教育が果たす役割は高まっていくだろう。アチーブメントの人財教育が目指してきたものは、まさにそこにある。

振り返れば、私がこうした考えをもつようになったのも、教育部会での貴重な経験をはじめＪＣでの活動全般を通じ、「人はどう生きるべきか」ということを考えさせられてきたからだ。

実は、ＪＣに入会して間もないころ、私は本業で苦境のどん底に陥っていた。

創業４年目の１９９０年、「会社の売りになる商品をつくりたい」と考え、横綱千代の富士を題材とした能力開発プログラム『横綱千代の富士頂点への道』を制作していた。ところが予想に反し、制作したプログラムが売れず、たちまち３０００セットの在庫を抱えることに。毎月１０００万円の売上しかなかったにもかかわらず、３００～４００万円の手形決済をしなければならなかった。

あの頃は本当に苦しかったが、私はＪＣをやめなかった。

ＪＣで、本当に尊敬できる先輩や仲間たちに出会ったからだ。

ＪＣで様々な役割をこなしながら、起業家として本業もしっかりと成長させている。そんな先輩や仲間の生き方を目の当《ま》たりにし、貴重な学びを得て、経営危機から脱することができた。

いろいろなことがあったが、ＪＣでの活動を続けてよかったと思う。

アチーブメントでは２０１８年以来、賛助企業として日本青年会議所の組織変革・組織拡大をサポートさせていただいている。これまで全国４００カ所以上のブロック協議会およびＬＯＭで、「理念共感型組織のつくり方」や「人を巻き込むリーダーシップ」などをテーマに、ＪＣ会員向けの勉強会を開催し、のべ５０００人以上の方にご参加いただいた。

講演会は無償で実施しており、まったくの手弁当である。私は２０２３年3月に68歳の誕生日を迎えたが、この年齢になっても手弁当の喜びを味わえるのは、本当にありがたいことだ。

私は36年にわたり、能力開発のプロフェッショナルとして人材育成に携わってきた。そのなかで強く思うのは、１人の指導者の存在によって、組織の未来は大きく変わるということだ。

私は、あと2年数カ月で会社経営を後継者にバトンタッチしようと考え、そのための準備を着々と進めてきた。事業承継を進めるうえで、誰にバトンを渡すかは重要なポイントであり、「最も指導力の高い人物に任せたい」というのが私の考えだ。

日本青年会議所でも、「リーダーシップの開発と成長」を続け、際立つ指導力を身につけた人物が、会頭という役割を担い、次期会頭にバトンを渡し続けてきたはずである。

その姿は、自分が先輩たちから受けた恩を後輩たちに送り、そのなかで人材が育っていく「恩送り」にも似ている。

５人の歴代会頭の言葉から、これからの日本の経済と社会を支え、世界に貢献する次世代リーダーが着実に育ち始めていることを感じていただけたら、これほど嬉しいことはない。

第1章

『向かう先を決める』

リーダーにとって最も大切なものは志／第67代会頭（2018年度）池田 祥護　23

第2章

『範を示す』

第3章 『力を引き出す』

第4章 『尽くす』

第5章 『文化をつくる』

最終章

特別懇談

第67〜71代会頭 池田 祥護・鎌田 長明・石田 全史・野並 晃・中島 士×青木 仁志

次世代リーダーが「人を動かす力」を体得するには？

第　1　章

『向かう先を決める』

リーダーにとって最も大切なものは志

NSGグループ 代表

第67代会頭（2018年度）　池田 祥護

池田 祥護

いけだ　しょうご

1978年、新潟県生まれ。事業創造大学院大学事業創造研究科修了。NSGグループ（新潟県新潟市）代表。新潟市の中心部古町《ふるまち》にある古町神明宮〔船江神社（延喜式内社）合祀〕と古町愛宕神社を代々守る社家に生まれる。2008年、父の池田 弘氏（現NSGグループ会長）が設立した学校法人新潟総合学院の理事に就任。09年より同学院理事長を務める（現任）。15年に、同グループ中核企業の株式会社NSGホールディングス代表取締役社長に就任し、20年にはNSGグループ代表となり現在に至る。NSGグループは、新潟の地域活性化を目指し、教育事業および医療・介護・福祉・保育事業を中核に、スポーツ事業や建設・不動産事業などを幅広く手がける企業グループ。22年12月現在、グループ法人数は111、従業員数1万2892人。09年に新潟青年会議所に入会。2010～14年、16～18年日本青年会議所に出向。18年1月に会頭に就任し、1年間の任期を務めた。

リーダーにとって最も大切なものは志

私の志を育んだ人生背景

リーダーに最も必要とされるものは、志。すなわちぶれない心です。

夢はもちろん、「これを達成したい」という高い志をもち、そこに向かって歩み続けていくことが、リーダーにとって最も大切なことだと思います。

私にとって、志とは何か。それを端的に表しているのが、

「人々の幸福と豊かさを実現するために
社会のニーズに合った事業の可能性を追求し
地域社会・国家・国際社会の発展に寄与する」

という、私が代表を務めるNSGグループの経営理念です。

ＮＳＧグループは、「New Sustainable Growth（新しい持続可能な成長を）」をスローガンに掲げ、学校・教育事業および医療・介護・福祉・保育事業を中核に、スポーツ事業や建設・不動産事業など、幅広く手がける企業グループです。

「事業創造により豊かで幸せな社会を創り出す」を社是に事業活動を行っており、「New Sustainable Growth」というスローガンは、各地域が自立し、活性化することで初めて国家・国際社会の持続的な発展が可能になるという、私たちの考えを表しています。

１９７６年の設立当時から、ベンチャーマインドとチャレンジ精神をもって事業創造に取り組み、地域社会のニーズに応えながら事業を拡大させ、1万人以上が働く企業グループに成長しました。

経営理念の文言に若干の変更はありますが、私たちの思いは設立当時から変わっていません。

私の志は、自分が生まれた土地、そして生活してきた環境に強く根差しています。

私の父（池田 弘・ＮＳＧグループ会長）は、第二次世界大戦が終結し、国家神道へのアレルギーにより、古くからある神道までをも否定する風潮があった１９４９年、新潟市中心部の小さな神社の家に生まれました。神主としての宿命を背負って生きることに悩んだようで、若い頃には、東京あるいは海外で自らの可能性を試したいという夢を抱いたこともあったようです。

また、モータリゼーションによるドーナツ化で中心市街地の人口が減少するなか、神社を維持していけるのだろうかと、将来に対する不安も感じていました。

迷った末、父は神社の跡を継ぎ、地域の守り神を祀り、地域の人々の幸せを願い祭祀《さいし》にいそしむのと並行して、地域社会の発展に貢献することを自らの志に掲げ、実業家として未来を切り拓くとも決意しました。

NSGグループの事業は、〝地域の人々に「新潟で生まれ育ってよかった」「新潟で暮らすのが楽しい」と感じていただきたい〟という、今でいう地方創生の考えから始まりました。

これは短期的な達成を目指すタイプの目標ではなく、1人の経営者が一生をかけて追い続けるような、果てしない目標です。

父が教育関連事業を始めたのと時を同じくして、私は生を授かりました。

父も青年会議所（JC）の会員で、1986年度に新潟青年会議所の理事長を務めていました。地方創生に貢献したいという父の人生における理念と、JCの理念には重なる部分が大きかったのでしょう。自ら選択してJCに入会したそうです。その一方で私には、「今のJCは昔とは違うかもしれないから、入会するかどうかは自分で決めなさい」と、判断を委ねてくれました。

父から「リーダーはどうあるべきか」ということを教わったことはありません。よい意味で自由放任主義のもと育てられたのだと思います。ただ、何かで迷ったときには壁打ちの相手役として私の話に耳を傾け、考えを整理できるように助けてくれてはいました。自分の頭で物ごとを判断し、意思決定していくことの大切さは、父から教わった気がします。

転機――ＪＣで先輩や仲間の志に学ぶ

私は２００９年に、かつて父も所属した新潟青年会議所の会員になりました。ＪＣの３つの信条である「修練」「奉仕」「友情」を頭に置きながら歩んできた日々が、志を立てるうえで必要な気づきを与えてくれた気がします。

今振り返ると、先輩たちから教わったことがたくさんあります。たとえば、「自分の向かう先はここだ。進むべき方向は絶対に曲げない」という推進力や、「これは絶対にやり遂げるんだ」という精神力がいかに重要かといったことです。また、

「To provide development opportunities
that empower young people to create positive change」

という、当時の「ＪＣＩ（国際青年会議所）ミッション」の考え方があったから、「社会によりよい変化を与えるために、発展・成長の機会を提供すること」という、今の私の信条があるのだとも思います。

人々の幸福と豊かさをどのように追求するのか、社会のニーズにマッチした事業をどう生み出し成長ビジョンを描いていくのか。そして、「こういうふうにして達成したい」と圧倒的な当事者意

識をもって仕事に取り組む人財をいかに育てるか。あるいは一緒に戦っていける仲間や同志をどのようにつくっていくか、といったことを考えるうえでも、JCでの出会いは私にとって大きな啓発でした。「私と同世代の仲間に、こんな考え方をしている人がいるんだ」という、他では得ることのできない気づきがたくさんありました。

各地青年会議所（LOM）や日本青年会議所の役職は、単年度制のため毎年変わります。それにより、先輩や仲間がもつ様々な考え方を受け止め、吸収するという貴重な経験ができたと思います。「この人は何を志し、どんなビジョンを描いて事業を展開しているのか」「先輩や仲間たちが思い描く地域や国のあり方とはどのようなものなのか」「社会課題に対してどんな解決策を提案できるか」といったことをテーマに、議論をしながら仮説を立てて挑戦する。それを繰り返すことの大切さを、JCの会員であった10年間、つねに肌で感じていました。

志に事業が紐づく複合企業《コングロマリット》

リーダーにとって、一緒に歩むメンバー全員が共感でき、皆が実現したいと思えるような大きな志をもつことは、とても大切なことだと思います。

その志を実現するために、具体的な戦略や戦術を立てる。そして、「何が何でもその志を実現するんだ」とのめり込み、圧倒的な当事者意識をもって仕事にあたる人財に、「手法は任せる」と言って権限を委譲する。そして戦略や戦術を実行するときには、多くの人のアイデアや意見を取り入れ、議論を重ねて軌道修正を行っていく。この過程がとても重要です。

ＮＳＧグループが進めている戦術の１つに、教育事業から始まる地域活性化があります。学校も含め、子どもや若者たちが学べる教育の場が地域にあり、それが東京の学校と同等かそれ以上のものであれば、地域に残ることを選択する若者が増えていくはずです。でも実際は、それだけでは地域に残る若者は増えません。なぜなら、学校を卒業したあとに働ける場所がないからです。そこで必要なのが事業創造。成長への意欲をもつ若者たちが働きたくなるような会社をつくることで、地域に残る若者たちを増やすのです。

エンターテインメントやスポーツという切り口で、事業機会を探してもいいかもしれませんし、病院や介護施設といった暮らしの安全安心という切り口もいいでしょう。

ＮＳＧグループはその意味で、「私たちのまちを『世界一豊かで幸せな』まちに」という大きな志に紐づいた複合企業なのです。

すべての従業員が経営理念を理解し、地方創生の１つのロールモデルを新潟につくる。そうすることで、独立自尊の精神のもと持続可能な地域を実現しようとする動きが、日本全国に広がるきっかけをつくりたい。

そんな志のもと、ある仮説を立てて、グループの事業展開を進めています。

その仮説とは、「新潟に上場企業並みの優良企業が５０１社生まれれば、必然的に雇用も生まれ、県民の所得も高まっていく」というものです。この仮説は、近代日本経済の父と呼ばれる実業家・渋沢栄一の「500社の設立や運営などに関わった」という事績に学び、立てました。

その一方で、「NSGグループは何のために事業を展開しているのか」と自らに問い、JCと自社の取り組みを比較しながら仮説を検証し、気づいた点を施策などに落とし込むようにもしてきました。そうすると、自分がのめり込んでいるものを俯瞰できるようになるのです。

JCという組織と比較したとき、自社にはこういう機能が足りない。この事業の成功確率を高めるには、JCのこんな組織体が参考になる。あるいは、「自分はこの目的を達成したい」という明確な意志のもと、仕事を「我が事」と捉え、圧倒的な当事者意識をもって仕事をやり切る人財を育てる必要がある、など。JCと自社を比較することで、実に多くのことに気づかされました。

実際に、失敗しても何かのせいにせず、「できなかったのは自分の責任だ」と考えることのできる人財のほうが、大きく成長していると思います。

組織が進むべき方向をどう定めるか

私は2018年1月から12月まで、日本青年会議所の会頭を務めました。ここで私が日本JCのリーダーとして、自らの志をもとに、組織が進むべき方向性をどのように打ち出していったのか、整理してみたいと思います。

ここでポイントになるのが、先にも述べたＪＣと自社の比較です。

冒頭で記したように、ＮＳＧグループの事業は、新潟を「ここで生まれ育ってよかった」「暮らすのが楽しい」と感じていただけるまちにしたいという、地方創生の考え方から始まっています。実際に教育や医療・介護・福祉・保育をはじめとする各事業を手がけるのは１１０のグループ法人で、それらは株式会社ＮＳＧホールディングスを中核会社として展開しています。

そしてＪＣも、基本的には地域主権に基づき、日本青年会議所を総合連絡調整機関とし、組織の全国的な運営のための情報交換をしたり、全国のＪＣ会員から理解・共感を得ながら統一的な活動や運動を進めたりしている団体です。

そこで会頭就任にあたり、「日本各地で進められている地方創生、事業創造の取り組みを、どうすれば盛り上げられるか」という社会課題に真剣に向き合おうと思い、「事業創造で日本再生」というテーマをその年度の活動の一丁目一番地に置きました。

リーダーが、組織の方向性を打ち出すときに重要なのは、際立った色をつけることです。会頭の任期は1年という限られた期間なので、大切なのは、それまでの流れを汲んだうえで２０１８年の日本を眺め、こうあるべきだという組織体をつくることだと考えました。そこで、「２０１８年度に打ち出すべきカラーは何か」ということをじっくりと思案し、「事業創造で日本再生」という方針を掲げたのです。

なかでも地域における雇用創出には、地方創生の最重要課題で、企業支援や地域の中核的企業のイノベーションの促進、老舗企業の第二創業支援、経営状態が悪化した地域企業の再生といった施策が必要とされています。

ところが、日々の業務に忙殺されている中堅・中小企業の経営者の方々には、地方創生に関する政府の施策などの情報がなかなか届きません。そこで私は、全国に多くのネットワークと情報チャネルをもつ日本青年会議所が、政府の成長戦略、規制改革国家戦略特区、官民ファンドなどの重要政策や各省による主な審議会での議論の動向といった有益な情報を、わかりやすくかみくだき、全国のJCの仲間たちに届ける必要がある、と会頭所信で述べました。

3つの信条の1つに「(社会への)奉仕」を掲げるJCでは、社会貢献はもちろん、社会課題の解決に役立つ様々な活動を、組織を挙げて行っています。ただ、このとき気をつけたいのが、本業をおろそかにはしないということです。もちろん社会貢献は素晴らしいことですが、本業できちんと成果を上げ、よい経営を行うことも、地域経済の活性化につながるからです。

目的を定め、組織を動かす

組織が向かう方向を定めたあとは、目的の設定に移ります。JCの例でいえば、私は日本青年会議所の会頭就任に先立ち、相当な時間をかけて会頭所信を作成しました。会頭所信は、当該年度におけるJCの運動の基礎となる重要な文書です。

そこには、先にも触れた「事業創造で日本再生」のほかにも、「人財マッチングと少子化対策」「技術開発投資～イノベーションとシンギュラリティ～」「地域ブランドと日本ブランド」などのテーマを記載しました。これらが、2018年度のJCが目指す「目的（ゴール）」です。

目的の設定後は、頭のなかで「目的を遂げるには、新たにこんな委員会が必要だ」といったことを考えていましたが、周りには思い浮かんでいた委員会名や組織のイメージなどは伝えませんでした。なぜなら、副会頭予定者をはじめ、役員の皆さんそれぞれに、テーマ（目的）を実現するためにはどんな事業を行ったらいいのかということを、委員会名も含め、提案してもらいたかったからです。

もちろん会頭自身が、目的の設定に加え事業化に必要な組織のデザインを行うケースもありますし、やり方は人それぞれです。ただ私は、こんなことを達成したいという目的だけを設定し、具体的な組織のデザインや活動内容の検討は、役員の皆さんに任せるという方式を採りました。

その結果、地方創生会議や事業創造会議、ジャパンブランド確立委員会といった、会頭所信に記した目的を達成するための組織が生まれたのです。

話が前後しますが、この方式を採った場合、リーダーである私の設定した目的にそぐわない委員会名や活動内容が提案される可能性は十分にあります。そこで、できるだけそれを避けるため、役員の皆さんと時間をかけてすり合わせを行いました。

具体的には、副会頭合宿を行い、会頭所信に記した各テーマにおいて達成したいことがらを具体的なものに落とし込んでいくのです。

会頭所信を声に出して何度も読み返し、2018年度のJCの方針に対する副会頭の意見をじっくりヒアリングしてから、実際に組織をどうつくっていくかを詰めていきました。

そしてこの合宿が終わったら、今度は副会頭がリーダーとなり、常任理事、委員会のメンバー数名を集めて合宿を行うのです。その合宿で、新年度の運動の方向性や目的を再確認し、各委員会の活動内容を具体的に詰めていきます。非常に時間のかかる仕事ですが、本来、組織全体で理念を共有するということは、このぐらい徹底してやらなければできないものなのです。

合宿1つをとってもそうですが、事業の具体的な内容を詰めていくために、その分野に関するあらゆる本を読み込んだうえで、文字通り寝る時間も惜しんで議論を続けてきました。

JCは単年度制を採っていますから、目的を達成するのに使える期間は、1年しかありません。その限られた時間でスピード感をもって、相当の努力をしなければよい成果は望めません。

古い考え方だと言われれば、そうかもしれません。でも本当に成長したいと思うなら、時間の制約があるなかでも、「自分の考えをしっかり伝え、議論を通じて合意をつくり出す」という努力は避けられないはずです。

そしてこのようなやり取りのなかで、議論を実りあるものにするための間合いや共感をつくり出す力、人の心をつかむ力のようなものが身につくのです。こうした経験を積んだ人と積んでいない人とでは、リーダーシップに大きな差が生じることでしょう。

事業展開の最重要ポイントは「人」にあり

進むべき方向や目的がしっかり定まったら、今度は何を優先して取り組むのかを決めなければなりません。先の例でいえば、会頭所信で定めた各テーマ（目的）に、どう優先順位をつけ、実行していくかを決めるということです。

各テーマに紐づく事業は、各委員会の委員長がリーダーとなって進めますが、私が事業展開の判断基準の最重要ポイントにしているのは「人」です。

これは私の本業でも同様で、たとえば、その事業の中心となる組織のリーダーが、「絶対にこれをやり遂げたい」という強い情熱をもっているか。もしくは圧倒的な当事者意識をもって仕事に取り組む人なのかということです。

さらに、その情熱や当事者意識には、たしかな技術がともなっているのか。もしともなっていないのならば、真摯に素直にＰＤＣＡを回しながら仕事を進められるか。

加えて「天の時、地の利、人の和」についても考え、それらがきちんとかみ合っているかを判断したうえで、「この事業を優先して行う」という決断を下します。

単純に、「これからはこの分野が流行《はや》るから優先順位を上げる」といったことはしません。どの事業にも、成功の可能性はあるものです。たとえば環境分野、グリーンエネルギーは有望でしょう。また新潟ですから、食の分野と事業創造は切っても切れませんし、食料自給率を向上させることは重要な社会課題です。

しかしもっと大切なのは、それらの分野で「絶対にこれをやり遂げたい」という強い情熱や、圧倒的な当事者意識をもって仕事に取り組める人財がいるかどうかです。

仮にトップダウンで「これをやりなさい」と言ったところで、本人が事業の目的を計画にしっかり落とし込むことができなければ、成功するのは難しいでしょう。「上司に言われたからやっている」という感覚では、事業はうまくいきません。

そういった意味で、「絶対にこれをやり遂げたい」という気持ちの有無は非常に重要です。どんなに優秀で、言われたことをしっかりやれる人であっても、情熱や高い志がなければ、困難に直面したときに折れてしまう可能性もあります。

利益か社会貢献か——トップリーダーが心すべき究極の優先順位

優先順位といえば、利益を取るか社会貢献を取るかという、経営者にとって非常に悩ましい問題もあります。経営者には、志を貫くために、採算度外視でもやらなければならないときや事業があるものです。

私の場合、志や会社が進むべき方向、目的に合致し社会貢献性の高い事業は、多少採算が合わなくても、キャッシュフローが回っている限りにおいては「継続する」と判断します。経営者として、社会貢献をすることにもっとこだわっていきたいと思っているからです。

それと同時に、経営者は利益を追求することを忘れてはいけない、とも思っています。従業員たちが「給料を上げてほしい」と思うのは当然のことですし、「自分は成長している」と実感できるよう昇進もさせてあげたい。経営者は、「もっと成長したい」と意欲をもって働く従業員たちに金銭面でしっかり報い、ステークホルダーにもきちんと還元していくべきです。

私にも、「企業は何のために利益を追求するのか」と悩んでいた時期があります。そのときに「しっかりと利益を出したうえで、さらなる社会貢献をしよう」という言葉を、多摩大学大学院名誉教授、シンクタンク・ソフィアバンク代表の田坂 広志先生の講演で聞いて心から共感しました。

利益を追求するのは、自分が豊かになりたいからなのか。いや、けっしてそうではありません。事業できちんと利益を出さないと、従業員に給料が払えないし、ステークホルダーにも還元できません。どんなに綺麗ごとを言っても、利益をしっかり出せない事業は淘汰《とうた》されます。

渋沢栄一の『論語と算盤《そろばん》』のように、しっかりと利益を出したうえで、社会課題を解決できる事業を展開していく。目先の短期的なものには利益を使わない。それがとても重要だと思います。

その意味で青木社長がもつ、利益と社会貢献は両輪であり、大きな志あるいは大義、道というものを具現化するうえで、経済的な利益は必要条件であるという考え方には大いに共感します。

「論語」という大義が先か、「算盤」が先かという議論もよくありますが、私はどちらでも構わないと思います。

青木社長は幼少の頃、貧困のなかで大変苦労されたとうかがっています。「成り上がりたい」という思いを胸に能力開発に邁進し、次第に大きな志を抱くようになり、「論語」と「算盤」の両方を備えた、経営者として素晴らしい人生を切り拓いていらっしゃいます。

その一方で私は、ありがたいことに父が築いた環境のなかで、それなりに豊かな生活を送ってきました。そのため「算盤」よりも「論語」、すなわち志や理念をいかにして築き上げるかということが、つねに先にありました。志や理念を確立したうえで、経営をよくするための武器として「算盤」を学び、身につけようと思ったのです。

どちらが正解ということではありません。どちらの考えにも、それぞれに何かしら気づきを得て、大きく成長できる機会はあるはずです。

JC会員の皆さんには、若い頃から社会貢献を身近に感じていたという方が多いかもしれませんが、世の中にはある程度の年齢までは社業に打ち込んで、時間的・経済的なゆとりができてから社会貢献を行おうと考えている方もたくさんいます。

「何か社会の役に立つことをしよう」「社会貢献をしよう」と行動するのは、覚悟を決めることでもあります。その覚悟を決めるのが20代、30代のときなのか、40代以降なのかは人それぞれ。1人ひとりの人生のゴール設定も、今置かれている環境も千差万別でしょう。「社会に役立つことをしたいけれど、今はまだできる状況ではない」という方もいるでしょうし、反対に、社会貢献ができる環境にいてもやらない人もいます。

でも、若くても強い情熱をもっている人は、覚悟を決め一歩踏み出しています。「20歳で絶対に経営者になるんだ」と一念発起し、19歳で東京の大学をやめ、新潟に飛び込んできた若者がいます。

彼は、NSGグループの応援の下でコンビニ事業を起こし、メガフランチャイジーとして事業を成長させ、その後、株式会社Matchbox Technologiesと社名を変え、HRテック分野で社会課題の解決に打ち込み、現在は株式上場を視野に入れて頑張っています。彼は、事業活動を通して社会貢献をすることが大事なのだと、実践を通じて学んできたのです。

志は、体験を通じて大きく育つ

志を立て、組織が向かう方向を設定し、目的を定め、優先順位をつけて実践していくという、組織を動かすために必要な行動や思考の流れについて述べてきました。

ここまで読んで、「志が大切なのはわかったけれど、どうしたらそれを立てられるのかわからない」と感じた方もいるのではないでしょうか。

私自身も、JCに入った当初から社会に貢献するという志をもっていたわけではありません。今振り返ると、当時の私にあったのは、「会社の看板を背負って来ているのだから、ここで逃げるわけにはいかない」という覚悟だけです。

地元に密着した企業の2代目という重い看板を背負っていたので、「ここで逃げるわけにはいかない」と、ＪＣの活動や運動に一生懸命取り組んでいました。そうしているうちに、ＪＣの信条の１つ、「（社会への）奉仕」の尊さや喜びを感じるようになったのです。活動や運動を通じ身をもって知った、と言うのが正しいでしょうか。

ＪＣでは毎年、それまで意識してこなかった社会貢献や大義を自分ごととして捉えられるようになる、つまり考え方ががらりと変わるような体験をさせていただきました。

たとえば、国際青年会議所とのつながりがその１つです。青年会議所は１２０カ国以上に存在していて、同じ志をもって活動している仲間が17万人以上在籍しています。私は彼らと交流することで、国際社会が相互に関連し、複雑に依存し合っていることを理解しました。そして、メディアで見知った情報ではない「原体験」を通じ、世界の平和と繁栄なくしては日本の安寧もないのだと確信をもちました。貧困で苦しんでいる方々や、紛争に巻き込まれている人たちがいるという事実を目の当たりにし、改めて日本の豊かさやこの国の素晴らしさを感じたのです。

恒久的な世界平和とは何か。たくさんの人たちが、世界平和を実現しようと努力し続けているにもかかわらず、争いは起き、歴史が繰り返されるのはなぜなのか。改めて考える機会になりました。ＪＣに入会していなければ、「国家戦略として、この決断はどうなのか」といったことを考える機会は、得られなかったと思います。

たびたび触れてきた「圧倒的な当事者意識」にも、ＪＣでの学びの影響が多分にあります。

たとえば、各ＬＯＭのリーダーである理事長になると、自分の会社以上の規模の組織をまとめなければならないことがあります。従業員よりも多いメンバーに向き合い、無報酬かつ手弁当で、LOMの活動や運動に対する共感を得なければならないのです。

ＪＣでは、会社のような「上司の指示に従う」というガバナンスはほとんど利きません。そのため人を動かすには、理事長としての普段の言動、仕事に向かう姿勢、メンバーに接する態度などを通じて、「あなたは本当に頑張っているから応援したい」という共感を生む必要があります。

大企業に入らずに、２００人規模の組織をマネジメントする。そんな経験ができる場所はほかにあまりないでしょう。しかも一般企業のような利害関係が生じない組織のなかで、リーダーとして人を動かす。この経験は、本業でも大いに生きるはずです。

ちなみに私は、どちらかというと営業的な仕事が得意で、総務や組織マネジメントは苦手でした。しかしＪＣで、専務理事や総務委員長を経験したことで、組織をまとめるのに必要な能力を身につけることができました。

ほかにも、日本青年会議所で委員長の役職を経験すると、人生が変わるほどの体験を得られます。たとえば、その分野に関する知識や経験がないにもかかわらず、いきなりアジアの責任者に任命され、アジア諸国を飛び回り、様々な問題を解決しなければならないなど、厳しい状況に置かれることもあります。責任がかなり重く、難しい仕事ですが、そのぶん普通の組織では得られない大きな成長の果実を手にすることができます。

一歩でいいから、前に出よう

今、思うのは、日本に「チャレンジに共感できる社会」になってほしいということです。悲しいことに、メディアやSNSなどを含め日常のあらゆる場面で、一歩前に踏み出し失敗した人が、重箱の隅をつつくような批判の言葉を浴びせられているシーンを見かけます。

「一歩を踏み出す勇気」と言葉で言うのはたやすいですが、実際に勇気を出して一歩を踏み出すのは、そう簡単ではありません。だからぜひ、チャレンジをした人を讃えるのが当たり前の社会になってほしいのです。失敗するのは悪いことではありません。もし失敗したなら、なぜうまくいかなかったのかを検証し、トライ&エラーを繰り返せばいいのですから。

そして今、各LOMでJCの活動や運動に取り組んでいる方や、JCに関心のある方には、「少しだけ背伸びをしよう。必ずそこで学べるものがあるはずだ」ということをお伝えしたいと思います。自分を追い込むほどの無理をする必要はありません。一歩前に進むだけでいいのです。ラクをするよりも、茨《いばら》の道を歩んだほうが成長は速いもの。苦労は買ってでもしたほうが人からの信頼を得られるし、そういった経験をたくさんした人のほうが、人生を豊かなものにできると思います。

思い切り、そしてしっかりと。

社業も家庭もJCでの活動や運動も充実させて、人生を豊かなものにしていただきたいと心から願っています。

リーダーの「一貫性がある生き方」から、縁ある人の幸せが生まれる（青木 仁志）

リーダーは大局を見て「向かう先」を示せ

池田さんの話を聞きながら、私は「着眼大局、着手小局」という言葉を思い浮かべた。まずは大局、すなわち全体をよく見て方向性を定め、いざ事にあたるときには細かいことにも目を配り、具体的な行動に落とし込むことが大切だという意味だ。

リーダーには、何かを始めようとするとき、些事《さじ》に目を向けるのではなく、地域や社会、国家、世界も含めて、人として、リーダーとして進むべき道、すなわち大義に目を向けていただきたい。何が本当に正しくて、今、何が求められているのか。この社会にとって何が必要なのか。リーダーを目指す皆さんに、目を向けていただきたいのは、そこである。

池田さんは、本業のＮＳＧグループの経営も、青年会議所の活動も、それを誰のために、何のために、なぜ行うのかという大義、すなわち進むべき方向をしっかり定めることが大事だと話していた。

もう1つ強く印象に残ったのは、彼がお父様から受けた教育だ。

それは、正解を教え、ひたすら覚えさせる偏差値重視のインプット教育ではなく、自ら考え、自らのなかに答えを見出せるようにする教育だった。池田さんは、「父から『リーダーはどうあるべきか』ということを教わったことはありません」と言う。だが私は、それが最高のリーダー教育だったと思う。

今、池田さんがNSGグループの代表として、1人ひとりが仕事を「我が事」と捉え、「圧倒的な当事者意識をもって仕事に取り組める人材」の育成に注力しているのも、お父様から受けた薫陶の影響が大きいのではないか。

みんなが無報酬かつ手弁当で参加している青年会議所の活動や運動も、1人ひとりが内面から動機付けられて初めて組織として1つにまとまっていく。個々が私利私欲で動いているのではない。だからこそ池田さんは、リーダーが大局を見て方向性を定め、目的を設定し、仲間をそこに導いていくことが大切だと言うのだ。

成長とは「器の拡張」であり、志はそのなかで育つ

また池田さんは、自身がどのようにして志を立てたのかも教えてくれた。

私も、若い頃にいきなり大きな志をもったわけではない。

3歳の頃に両親が離婚し継母に育てられた私は、新聞配達をして家計を助け、17歳で高校を中退

し、1人で北海道の実家を出た。そんな生い立ちによる劣等感をばねに、「成り上がろう」とひたすら努力し、歩合制セールスの世界でトップに上り詰めた。自分というものをつくることから始め、人生を切り拓いてきたのだ。

トップセールスとなり、トップマネジャーへと成長し、経営者となり、そして指導する立場に。志は、その成長のなかで徐々に育まれてきたのだと思う。

少なくとも私の場合は、自分づくりから始まり、次に志が育つというステップであった。「衣食足りて礼節を知る」というが、自分自身をしっかり確立しようとしていると、志が自然と芽生えてくるのかもしれない。

ところがである。その志がどれだけ大きく育つのか。それは、その人がどんな環境のもとで、どんな仲間に出会うかで変わる。

その点JCには、自分よりもはるかに大きな存在がたくさんいて、本業をしっかり成長させながら社会貢献活動でも活躍し、成長し続けている先輩たちが数多くいた。だから当時の私にとってJCは、1つの憧れのような存在だった。

私自身もJCの会員となり、JCI（国際青年会議所）ミッションでいう「リーダーシップの開発と成長の機会」を与えられ、大いに触発された。そのなかで、自分の志が次第に明確になってきたのだと思う。

JCとのつながりからは、多くのことを学ばせてもらった。今思えば、どれもきわめて貴重な体験である。

自分たちが住む地域はもちろん日本国内にいるだけでは、そんなチャンスは巡ってこない。ＪＣだからこそ出会えるチャンスなのだ。そして、それを自分のものにしようと自ら選択することで、貴重な経験が得られる。そうしているうちに、器はどんどん拡張していく。

人から教わるのではない。ＪＣで得られる成長の機会を通じ、自分自身が気づきを重ねることで、エネルギーが内面から湧き上がり蓄積されていく。ＪＣは、個人の内面からエネルギーを湧き上がらせる場として、またとない機会を提供してくれるだろう。

そしてそのエネルギーはやがて、リーダーにとって人を動かす原動力、すなわち「人間力」として実を結ぶはずだ。

リーダーの志が、組織をまとめる求心力になる

『論語』をはじめとする古典の名著を読んでもわかるように、人間は、リーダーシップとは何か、どうすればそれが身につくのかということを、数千年にわたって探求し論じ続けてきた。

自分にできないことを、他人に自分よりも立派に行ってもらうというのは、この世で最も難しいことだ。だから人は、リーダーシップを身につける方法を探求し続けてきたのだろう。

リーダーたる者、自分１人の力には限界があると知るべきである。企業にしろＪＣにしろ、リー

ダーである自分にはできないことを、組織のメンバーが行ってくれているから、リーダーがリーダーとしての力を発揮できている。このことを、よく肝に銘じておく必要がある。

メンバーの助けがなければ組織は動かせない。そして、リーダーに求心力がなければ、メンバーは動いてくれない。

私はその求心力になるものが、志だと思う。

先にも述べた通り、私は貧しい幼少時代を過ごし、様々な葛藤を抱えていた。その経験があったから、いじめや差別、貧困に対して異常なほどに嫌悪感を抱くようになった。

そうしたなかで、「世の中のあらゆる不幸の源は不満足な人間関係にある」という、選択理論心理学の提唱者であるアメリカの精神科医、ウイリアム・グラッサー博士の言葉に出会った。

そこから、「不満足な人間関係に起因するあらゆる不幸をこの世からなくす」「縁ある人々を物心両面で幸福に導く」という、私の志が生まれた。

私が「どうしても実現したい」と思うことを実現し、「どうしても伝えたい」と思うことを伝えるためにつくり上げた組織がアチーブメント株式会社なのだ。

アチーブメントには、私の志に共感し「ここで働きたい」という明確な意志をもって入社してくれた人材が集まっている。その全員が、自身が大切にしたい価値観とアチーブメントが大切にしたい価値観が一致している、すなわち理念に共感している人財だ。

志とは何かという話に戻ると、リーダーの使命感が志になる、とも言える。

志とは、リーダー自らが命がけで実現したいと思うものであり、単なる個人的な願望ではなく、自分が人生をかけて成し遂げたいと思える使命なのだ。

志から実践まで一貫性がある生き方

池田さんの話を聞いて非常に共感したのが、志から実践に至るまで、つねに一貫性のある生き方を心がけていることだ。

実績を出しているリーダーは、けっして口先だけの人物ではない。「実《じつ》」がともなっている。実とは、実践、実行をとおして出た実績を指す。陽明学で「知行合一《ちこうごういつ》」という言葉があるように、人は知識と行為が一体、つまり言葉と行動に一貫性のあるリーダーに憧れる。

その意味でリーダー自身の人間力開発は、組織の発展に大きく関わってくる。

普段いくらよいことを話していても、経営がガタガタ、家庭もガタガタというように、実がともなっていなければ指導力はない。だから私は「インサイドアウト」という生き方を大切にしてきた。

インサイドアウトとは、経営者自身がしっかりと自己管理を行い、家庭では家族を守り、会社では社員を守る。そして、その先にいる取引先やお客様といったステークホルダーを大切にし、地域や社会、国家、世界の人々へと貢献の輪を広げていくという、経営者の生き方の根幹となる基本姿勢のことだ。その根幹の部分で、言葉と行動が一致せず、すぐに考え方や姿勢がぶれてしまうよう

［ アチーブメントピラミッド ］

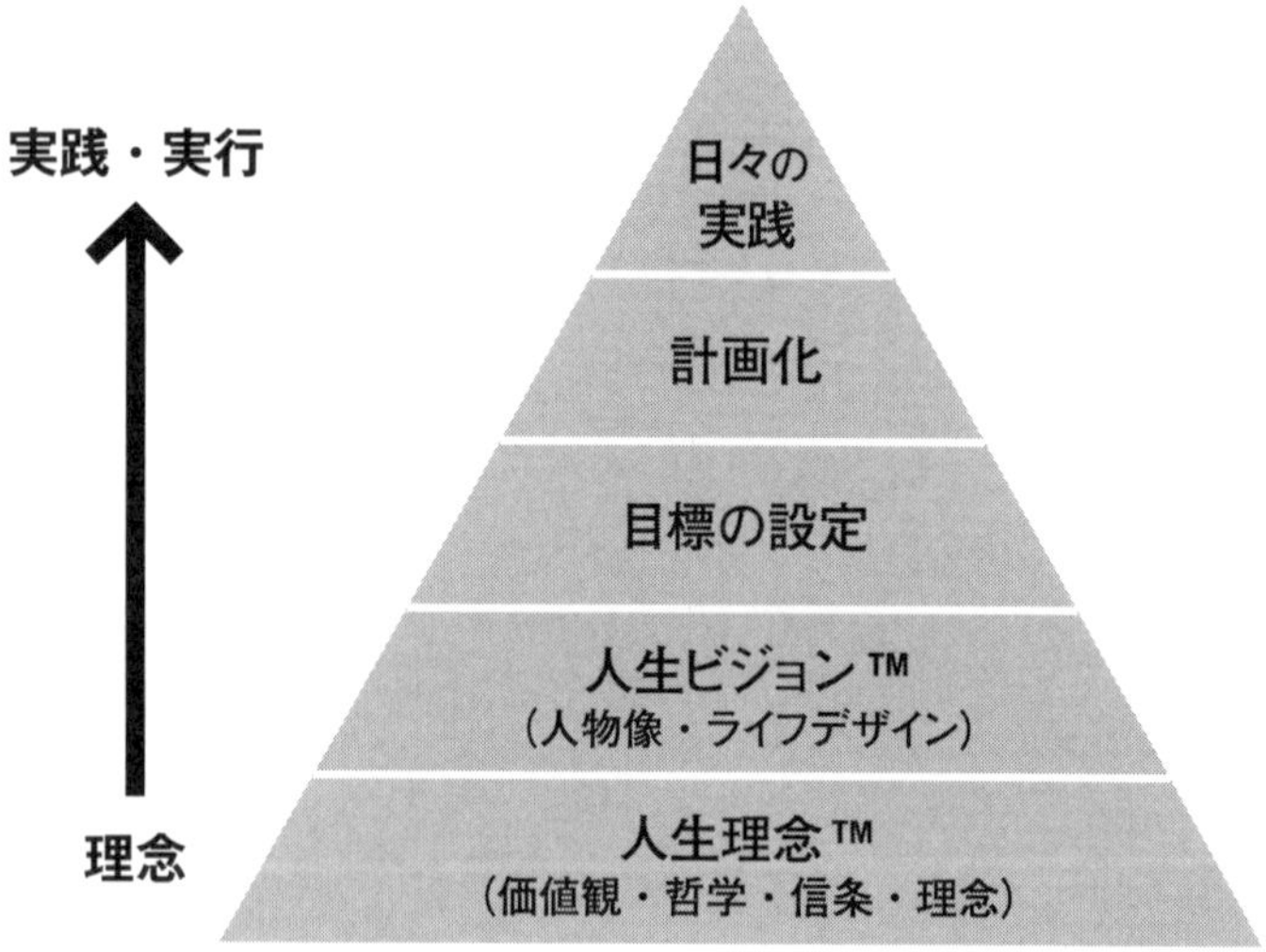

では、組織のメンバーに「このリーダーについていこう」と思ってもらえない。

その点、池田さんは、社業でもJCの活動や運動でも、地域創生や事業創造を通じて地域や社会、国家、世界の人々へと貢献の輪を広げるという、まさにインサイドアウトを実践し続けている。

このとき、リーダーの生き方や行動が、志から実践まで一貫しているかが非常に重要だ。この一貫性こそが求心力となり、自分の周囲に肯定的な影響を与える。すなわちリーダーシップが発揮されていくのだ。

志から実践までを一貫させる。まさに「言うは易く行うは難し」である。そこで私は、これまで47万人以上に「アチーブメントピラミッド」という概念を伝えてきた。これはあらゆる個人に適用できるフレームワークで、次の5つの要素で構成される。

人生理念――人生の土台となる価値観
人生ビジョン――人生理念の上に構築する将来ありたい姿
目標の設定――人生理念と人生ビジョンから生まれた目的を遂げるために、目標を設定する
計画化――目標を達成するための具体的な計画を立てる
日々の実践――目標から逆算し、計画を日々の実践に落とし込み行動する

ピラミッドの土台をなすものが人生理念である。企業に理念があるのと同様に、個人にも人生の土台となる価値観、すなわち人生理念というものがある。

企業理念とは、会社組織の存在理由であり、経営者の人生背景や転機を通じて生み出された経営者がもつ価値観や哲学、人生理念を土台にしたものだ。アチーブメントの場合、企業理念は「上質の追求」である。

このアチーブメントピラミッドにしたがい、次の①から⑤までのステップを踏みながら、理念・ビジョンの確立から日々の実践まで、一貫性のある生き方を実行していくのである。

① 人生の土台となる価値観である人生理念を固める

②その上に構築するビジョンや将来のあるべき姿を明確にする
③目的を遂げるための目標を設定する
④目標を達成するための計画を立てる
⑤計画を日々の実践に落とし込み、行動する

人生理念は自分の価値観・哲学・信条であり、意思決定するときの判断軸となるものだ。ちなみに私の人生理念は、「愛・至誠・感謝」である。

愛とは人を育てる力でもあり、経営者である私にとって愛とは、社員をわが子のように思う親心である。

至誠とは、家族や友人、さらには社員やお客様、ステークホルダーとの約束を守り、誠実に向き合うこと。

そして感謝とは、自分は生かされている存在であり、自分がこうして生きているのも、よい商売ができているのも、人様のお陰だという感謝の心と共に生きるということである。

私はこの人生理念を起点に、一貫した行動を心がけてきた。とくに、難しい判断を迫られたときほど、企業理念と共に人生理念に立ち返り、意思決定を行っている。

以前、ある企業からの依頼で人材採用コンサルティングを手がけたことがある。ところが、依頼元の業界の特殊性もあり、採用人数が予定に達しなかった。私はすぐに依頼元の社長と面会し、「コ

ンサルティング料を返金させてほしい」と申し出た。

その社長は「うちも十分に勉強になりましたから、結構です」と固辞されたが、当社は約束した採用人数を達成することができなかったのだ。「上質の追求」を企業理念とし、人生理念のなかに「誠実」を掲げている以上、妥協するわけにはいかない。話し合いの末、コンサルティング料の半額を返金させていただくこととなった。

私は、その翌週月曜日の全体会議で全社員にこの話をした。

社員たちは私の思いを真摯に受け止め、「社長に頭を下げさせるようなことをしてはならない」と言ってくれた。

私は社員に感謝しているからこそ、自ら設定した目標を達成できなかったことで、社員を叱ったり責めたりはしない。重要なのは、本人がミスや問題が起きないようにするために、事前にもっとできることがあったはずだと気づき、内発的に自分の行動を変えてくれることであり、私はそれを伝えたかったのだ。

これが、私なりの「愛・至誠・感謝」に基づく生き方である。

人生理念の上に位置するのが人生ビジョンである。人生ビジョンとは、自分が将来あるべき理想の姿だ。人生理念を体現したその先に、自分はどのような未来を実現したいのか。細部までイメージして、人生ビジョンを明確にしていく。

自分はどのような人物になりたいか、どのような経営者になりたいか、プライベートではどのような父であり夫でありたいかという、理想の姿をイメージするのだ。

私は、23歳のときに出会い大きな衝撃を受けた『成功哲学（Think and Grow Rich）』の著者、ナポレオン・ヒルのように、人々を成功に導くことができる偉大な能力開発スペシャリストになることを目指してきた。

また、1人の人間としてのあり方としては、約束を守り、信頼に足る人物でありたいと思っている。プライベートでは家族や仲間に愛情を注ぎながら、豊かな人生を送る人間であろうと、心がけてきた。

人生ビジョンを描くことで、自分がどこに向かうのかが明確になる。私はこうしたビジョンのもとに、企業経営ではお客様の成長に貢献し、社員を物心両面で豊かな人生に導き、社会をもっと豊かにするには何をすべきかと考え、それらを本業を通じて実践してきた。

自分の向かう先が明確になれば、目標設定も具体的かつより成果に結びついたものになる。あとは、その目標を達成するための計画をしっかり立てて、日々実践していくだけだ。

あなたにも自分自身のアチーブメントピラミッドを築いてほしい。

あなたの人生理念、人生ビジョンは何か。人生の目的は何か。

それらに向き合うことで、あなたの果たすべき志が、おのずと見えてくるはずだ。

経営の目的は、「縁ある人を幸せにする」こと

本章のテーマは、「向かう先を決める」である。

リーダーが、志から日々の実践まで一貫した生き方をしているなら、リーダー自身も、リーダーと志を同じくする組織のメンバーも、同じ方向に向かって歩み続けていることになる。

本章の冒頭で、進むべき方向性を大義と記したが、大義を理念と読み替えてもいいだろう。理念とは、たとえば自分や会社は「本来こうあるべきだ」というような、人や組織の根本的なあり方を示す考え方だ。その根本的なあり方の部分で、世のため人のためになることを本気で追求している人が、真の指導者である。

リーダーは、組織が進むべき方向を示すと共に、自分たちが成し遂げるべき目的を設定しなければならない。会社なら、それは経営の目的ということになる。経営者は、あなたは「誰のために、何のために、なぜ経営するのか」「自社が存在しなければならない理由は何か」ということをよく考え、明確に示す必要がある。

池田さんは日本青年会議所の会頭就任にあたり、かなりの時間をかけて会頭所信をまとめ上げた。そこに、自身が会頭を務める2018年度にJCが進むべき方向性を明確に示し、同年度にJCが成し遂げるべき目的を設定した。その一丁目一番地が「事業創造で日本再生」というものだった。

次いで、会頭所信に記した目的を実現するための事業を考えるにあたり、副会頭合宿を行った。

会頭所信を声に出して繰り返し読みながら、副会頭と同年度のＪＣの活動や運動の方向性を再確認し、あくまで副会頭から提案してもらう形で、事業化にはどんな組織が必要で、そこにどんな役割や機能をもたせたらよいかという議論を繰り返した。

そのあと副会頭がリーダーとなり、常任理事や委員会のメンバーと合宿を行い、各委員会の具体的な活動内容を詰めていったのである。

こうした目的の設定から事業化に至るプロセスは、まさに企業経営そのものだ。

本来、組織はそうやって動いている。組織の中心にいるリーダーがもつ、「これを絶対に成し遂げたい」という燃えるような願望を具現化するには、各組織がそれぞれ与えられた役割のなかで、きちんと仕事をし、やり切る必要がある。

そのためには、とくに幹部との志や理念、目的の共有が必要だ。それこそ池田さんが話しているように、会頭所信を声に出して１００回も読み合わせるぐらい徹底しなければ、組織における同一思考・同一行動は生まれない。

事業は人なり、企業は人なり

企業やＪＣはもちろん、組織が活用できるヒト・モノ・カネの資源は有限だ。そのためリーダーは、目的を成し遂げるためには、数ある事業のなかで何に重点を置くかを考え、意思決定しなければならない。

池田さんは、自身が事業を行ううえで、最重要ポイントに置いているのは「人」だと話していた。単に事業のニーズや市場性だけを見ているのではない。自分が事業を任せるその部門のリーダーの人となりを重視しているのだ。

その人が、「これを絶対に成し遂げたい」という燃えるような願望、気概をもっているかどうか。ひとたび事業が苦境に陥ったとき、あきらめそうになる気持ちをこらえ、「自分はこれを本当にやり切るんだ」という強い意志をもって、苦境を乗り越えられるかどうか。結局のところそれを決定するのは、本人に高い志があるかどうかに行き着くからだ。実際、志が弱ければ、目的に向かう意識が中途半端なものになり、何かあるとすぐにあきらめてしまう。

たとえばアチーブメントの経営においても、売上目標からの逆算で拠点展開を判断することはなかった。拠点を広げるのは、拠点のリーダーを務めることのできる人財が育ったと思えてからだ。それが結果、地域のお客様への貢献にもなる。

だからこそ組織のリーダーは、改めて人をよく見て人を大切にし、自分が本当にやらなければならないことは何かと考え、行動しなければならない。

まさしく、長く語り継がれてきた、松下電器産業（現・パナソニックホールディングス）創業者・松下幸之助さんの「事業は人なり」である。

「事業は人なり」であるのと同様に、「企業は人なり」でもある。

企業が個人の集合体であることは言うまでもない。だが、多くの人が当たり前のように組織のなかで働き、与えられた役目を果たすことを求められ、ときには組織の軋轢《あつれき》に翻弄されている。しかも、それが組織で働くうえで普通のことだと思っている。

ここでリーダーは、「なぜ組織をつくるのか」あるいは「なぜ組織が必要なのか」という原点に立ち返るべきだ。

組織は、1人では成し遂げることのできない志を、信頼できる仲間の力を借りて具現化するためにある。だからこそリーダーは、組織で働く1人ひとりが物心共に豊かになるよう支援し、働きがいを得られる環境を与えるための努力を惜しんではならないのだ。

志と利益、利益と理念は一体不可分だ

もう1つ、組織が目的を遂げるための事業を、どう優先順位をつけて行うかという議論のなかで、利益の追求と社会貢献をどう考えたらいいかという話になった。

池田さんが代表を務めるNSGグループのように、志が大きく社会貢献性の高い事業を数多く抱える企業である場合、ときには長期的な視点で、採算にはある程度目をつぶってでもやらなければならないことも出てくるはずだ。

そういう事業はある意味で、社会のために行う長期的な投資であって、企業としては短期的な痛

みをともなう。だがそれは、「人々の幸福と豊かさを実現するために社会のニーズに合った事業の可能性を追求し地域社会・国家・国際社会の発展に寄与する」（ＮＳＧグループ経営理念）という志のもとで、「私たちのまちを『世界一豊かで幸せな』まちに」するために行うものである。だから池田さんは、「最終的には社会が事業を育ててくれる。自分は絶対にこれを成し遂げるんだ」という燃えるような情熱をもって、その事業を進めるはずである。

だが、事業は志だけでは回らない。池田さんはむしろ、社会的に大きな意義のある事業であるからこそ、事業を通じて利益を上げることにこだわりたいと話していた。「しっかりと利益を上げたうえで、さらなる社会貢献をしよう」という気概も素晴らしい。

私はアチーブメントの設立にあたり、「利他に徹し、自己を愛せよ」という社是をつくった。社員5名、資本金５００万円からのスタートで、多くの人から「お前は大学で経済学を勉強していないから、そういうことを言うんだ」とか「経営の目的は利益の追求だ。そんな綺麗ごとを言っていると、会社をつぶすぞ」と批判を受けた。

だがお陰様で、アチーブメントは会社設立から36年が経ち、昨期もグループ売上50億円、経常利益15億円を超える組織となり、今もなお成長・発展を続けている。これも、会社設立当初から、私自身の価値観や人生観に基づく理念を明確にしてきたからできたことだと考えている。

すでに述べたように、アチーブメントの企業理念は「上質の追求」だ。図式化すると、社員幸福度、顧客満足度、社会貢献度の３つの輪が重なり合う、その真ん中の部分に企業理念がある。

社員の幸福、顧客の満足、社会への貢献の3つに共通しているのは、人々の「物心両面の豊かな人生」であり、人々が求めているものは、まさにそれである。

そして社員幸福度、顧客満足度、社会貢献度を高め、社員、お客様、社会で暮らす多くの人々の「物心両面の豊かな人生」を実現するには、「上質の追求」が不可欠なのだ。

この「上質の追求」という企業理念の具現化に、燃えるような願望をもって取り組むことで、「縁ある人を物心両面の豊かな人生に導く」というアチーブメントの経営の目的は実現に近づいていく。

社員幸福度、顧客満足度、社会貢献度を向上させ、「縁ある人を物心両面の豊かな人生に導く」ためには、精神主義だけでもいけないし、利益第一主義だけであってもいけない。精神と経済は不可分であり、一体化しなければならない。

さらに付け加えれば、社員の幸福度、お客様の満足度、社会への貢献度は、「縁ある人を物心両面の豊かな人生に導く」という軸でつながっているとも言える。

だとするなら、JCが手がける多くの社会貢献活動を通じて皆さんが学ぶことは、お客様にも社員にもしっかり還元されていくことになるのだ。

リーダーが目指すべき「真の成功」とは何か

先のアチーブメントピラミッドにしたがい、志から日々の実践まで一貫性をもたせながら、「理」

を縁ある人を幸せにすることで得られる「利」に変えていくことを、私たちは「理と利の統合」と呼んでいる。「理」とは理念や真理、理想を指し、「利」は利益や利潤、営利を意味する。

この「理と利の統合」は、私たちが人として、リーダーとして進むべき道である大義と、経済との融合を図ることであるとも言える。

このピラミッドに一貫性をもたせることが、組織の成長・発展への道なのだ。

江戸時代の農政家・二宮尊徳の言葉として伝えられている格言に、「経済なき道徳は寝言であり、道徳なき経済は犯罪である」というものがある。

理念だけでも利益だけでもいけない。道と経済の融合を図ることが大切であり、リーダーを志す皆さんには、「理と利の統合」をしっかりと意識していただきたい。

池田さんとの対話を通じて、私が読者の皆さんに伝えたいメッセージは、「真の成功とは、自らの成長と人々への貢献が一致することだ」というものだ。

短期的には見えづらいかもしれないが、ＪＣが地道に取り組む社会貢献活動は、自分自身に大きな成長をもたらすだろう。現に多くの先輩たちが、ＪＣでの活動や運動を通じて成長を遂げ、社会のあらゆる分野で活躍している。

志から日々の実践までを一貫させ、「理と利の統合」を追求し、仲間と共に「縁ある人を幸せにする」ことに、燃えるような情熱をもって取り組む指導者へと成長していただきたい。

column

01

青年会議所（JC）とは

なりたち

青年会議所（ＪＣ／Junior Chamber）とは、明るい豊かな社会の実現を理想とし、次世代の担い手たる責任感と情熱をもったリーダーを目指す、満20～40歳の青年によって運営されている団体。

１９１５年にアメリカ・ミズーリ州セントルイスの修道院を活動拠点としたのが始まりで、その後、世界各地に広がった。人種、国籍、性別、職業、宗教の区別なく、個人の自由な意思に基づき、居住している各地域の青年会議所に入会できる。

１９４４年にはアメリカ、コスタリカ、エルサルバドル、グアテマラ、ホンジュラス、メキシコ、ニカラグア、パナマの8カ国によって国際青年会議所（ＪＣＩ）が発足。その後加盟国を増やし、今では世界に17万人以上の会員を有する世界最大の青年団体となっている。

日本では、１９４９年に「新日本の再建は青年の責務である」という志を同じくする青年有志によって、東京青年商工会議所（１９５０年に東京青年会議所に改名）が設立されたのを機に、青年会議所運動が始まった。東京青年商工会議所の設立趣意書は、「新日本の再建は我々青年の仕事である」という一文から始まっている。

1950年の大阪青年会議所（大阪JC）設立を皮切りに、「共に向上し合い、社会に貢献しよう」という理念のもとで各地に次々と青年会議所が誕生。1951年には、全国的運営の総合連絡調整機関として日本青年会議所（日本JC）が設立された。

JCの特徴

JCは、次世代を担う子どもたちの育成や、国や地域を牽引する人材の育成、環境問題に対する取り組み、地域の特性を活かしたまちづくり、経済問題の解決に向けた取り組み、世界の仲間との交流と国際貢献など、社会をよりよくする事業を構築し実施するなかで、自分自身も成長し、意識変革を起こすことを目的としている。

JCで経験を積むことによって得られるのは、社会をよりよくする運動を起こす力と、リーダーシップの開発、成長の機会。JCが手がける、社会をよりよくする様々な運動を通じて、人へ無条件で奉仕することが、結局は自分自身や家族、社業に大きな恩恵をもたらすのだという気づきも得られる。

会員は、人種、国籍、性別、職業、宗教に囚われない満20～40歳の「品格ある青年」。40歳になる年の年度末（12月31日）に卒業となる。

役員、組織、事業等の単年度制を採用しているのも大きな特徴で、すべての役職の任期は1年に限られる。会員は1年ごとに様々な役職を経験することで、「リーダーシップの開発と成長の機会」を数多く得ることができる。

会員数・会員構成

日本全国のJCの会員数は、2022年12月1日時点で2万8998名。2015年度のデータとなるが、会員の約9割が企業の取締役または管理職で、企業代表者が37％を占める。企業の創業者は11％、2代目経営者が36％、3代目以上が33％。創業者および事業承継者が多く、地域との絆が強い。

会員は第1次産業から第3次産業まで、あらゆる業種で活躍している。製造・卸売・小売業が最も多く31％、建設設備業（設計含む）が24％、サービス業が17％と続く。

JC出身のリーダーたち

首相経験者

・第71～73代内閣総理大臣　中曽根 康弘氏（高崎JC〈群馬県高崎市〉）
・第84代内閣総理大臣　小渕 恵三氏（東京JC〈東京都中央区〉）

・第85～86代内閣総理大臣　森 喜朗氏〈小松ＪＣ〈石川県小松市〉〉
・第87～89代内閣総理大臣　小泉 純一郎氏〈横須賀ＪＣ〈神奈川県横須賀市〉〉
・第92代内閣総理大臣　麻生 太郎氏〈飯塚ＪＣ〈福岡県飯塚市〉〉
・第93代内閣総理大臣　鳩山 由紀夫氏〈室蘭ＪＣ〈北海道室蘭市〉〉
・第94代内閣総理大臣　菅 直人氏〈東京ＪＣ〈東京都中央区〉〉
・第100～101代内閣総理大臣　岸田 文雄氏〈広島ＪＣ〈広島県広島市〉〉

海外のリーダー

・第35代アメリカ合衆国大統領　ジョン・Ｆ・ケネディ氏
・第40代アメリカ合衆国大統領　ロナルド・レーガン氏
・第42代アメリカ合衆国大統領　ビル・クリントン氏
・第５代フランス共和国大統領　ジャック・ルネ・シラク氏
・マイクロソフト創業者　ビル・ゲイツ氏

第　2　章

『範を示す』

不可能のなかに
可能性を見出し、
まずは自分が
一歩を踏み出せ

株式会社双葉不動産
代表取締役

第69代会頭（2020年度）　石田　全史《まさふみ》

石田 全史

いしだ まさふみ

1980年、福島県生まれ。2003年、中央学院大学商学部商学科を卒業。04年に浪江青年会議所（浪江JC）に入会。08年、株式会社双葉不動産（本社・福島県双葉郡浪江町）の創業者である父の急死にともない、社長に就任（現任）。「私たちはお客様の住まいの夢の実現に向けて。実直な心で親身になってお手伝いいたします。」をモットーに、アパートやマンション、事務所、店舗の賃貸、不動産売買の仲介を行う。同社が本社を置く双葉郡は、東日本大震災および福島第一原子力発電所の原発事故で大きな被害を受け、現在も復興の途上。震災発災当時、副理事長を務め、存続の危機にあった浪江JCの活動再開に尽力。12年に理事長に就任。15年、日本青年会議所（JC本会）に出向し国際協力関係委員会の委員長を務める。その後、福島ブロック協議会会長、東北地区担当常任理事、専務理事、副会頭などを歴任し、コロナ禍の20年、会頭に選出された。

不可能のなかに可能性を見出し、まずは自分が一歩を踏み出せ

3・11東日本大震災、そして原発事故のなかで

私が福島県双葉郡浪江町《なみえまち》、双葉町《ふたばまち》、大熊町《おおくままち》、葛尾村《かつらおむら》の3町1村を活動エリアとする浪江青年会議所に入会したのは2004年7月、23歳のときでした。その後、日本青年会議所に出向する機会もいただき、2020年度には会頭を務め、その年度末に16年6カ月間在籍したJCを卒業しました。

在籍中に、東日本大震災も経験しました。浪江町は震度6強の地震と15・5メートルにも達する大津波で、壊滅的な被害を受けました。翌12日、原子力発電所の事故のため全町避難を余儀なくされ、町民は長きにわたり、避難先での生活を強いられることになりました。

発災当時、岩手県内で青年会議所の会議に参加していた私は、大渋滞のなかを約12時間かけて南下し浪江町に向かいました。その途中、仙台港の石油コンビナートが燃えているのが見えました。

私が社長を務める株式会社双葉不動産の浪江町本社に到着したのは、翌12日の朝4時頃だったと思います。浪江町役場から、地震で住宅が倒壊したり津波被害にあったりした方々に、空いている

住宅を提供してほしいという要請を受けていたので、残っていた数名の社員がその準備に追われているところでした。

オフィス内の片付けも終わり、そろそろ夜が明けようかという頃です。白い防護服を着た人たちが町内を走り回り、避難するよう呼びかけていました。

福島第一原子力発電所が危険な状態にあったのです。隣町まで行き車にガソリンを入れ、ようやく連絡が取れた家族と合流し、私は浪江町をあとにしました。その後、親類の世話になりながら避難生活を始め、東京都千代田区にあるＪＣ会館を訪れ、会員の皆さんにも被災地の状況を報告しました。そして数日後、会社の貴重品を取りに浪江町の本社に戻り、その後、千葉県成田市に事務所を借りました。社員数名を千葉に呼び、そこで賃貸住宅などの入居者への対応を行うコールセンターを立ち上げ、業務を再開することにしました。それが同年3月20日頃です。

事故発生から約7カ月後、浪江町に隣接する南相馬市の一部地域の避難が解除されたので、南相馬支店の営業を再開することができました。一方で本社機能は、浪江町の全町避難が解除される２０１７年まで、県内外の移転を繰り返しながら営業を続けていました。

皆の生業《なりわい》、生活を取り戻すためにこそ、浪江ＪＣは存続する

当時約30名を数えた浪江ＪＣの仲間たちも避難生活を余儀なくされ、県内外に散り散りになって

いました。

震災当時、浪江ＪＣの副理事長を務めていた私は、まずは電話やＳＮＳでメンバー１人ひとりと連絡を取り、仕事は大丈夫か、生活は落ち着いたかなど、近況をとヒアリングしました。離れていたメンバー同士が顔を合わせて話せるようになったのは、震災後１、２カ月が経った頃です。

東京に集まり、浪江ＪＣの活動を今後どうしていくか、解散するのか、休会するのかといったことを話し合いました。「私はもうやめます。活動できません」というメンバーは１人や２人ではありません。全員が、仕事や生活の立て直しに追われていたのですから当然です。

そのとき私は、メンバーたちにこんな話をしました。

「落ち着くまで活動はしなくてもいい。やめる必要もないし、今焦って答えを出さなくていい。困ったことがあったら話してほしい。皆、得意不得意はあるかもしれないけれど、情報を共有すれば解決の糸口が見つかるかもしれない。今活動ができないことや、遠くにいることを理由に、全国に広がる青年会議所のネットワークを断つ必要はないと思う」

それから約１カ月が過ぎ、ゴールデンウイークを迎えた頃、私たちは再び東京に集まり、浪江ＪＣのこれからについて話し合いました。

ちょうどその頃、双葉町の町民約１２００名が町役場ごと、さいたまスーパーアリーナ（埼玉県さいたま市）に避難していました。そこで私たちは、「たとえ離れて暮らしていても、自分たちにも何かできることがあるのではないか」と、アリーナを訪れることにしました。

そのときアリーナの入り口には、テントを建ててボランティア活動をする埼玉中央青年会議所のメンバーの姿がありました。それを見て私たちが、複雑な思いに駆られたのは言うまでもありません。

本来、それを真っ先にやらなければならないのは私たち浪江ＪＣです。にもかかわらず私たちは、解散・休会か存続かの瀬戸際にあり、避難してきた多くの人たちに、支援の手を差し伸べられないでいたのです。

「このまま活動をやめてしまっていいのだろうか」

この体験が、そこに居合わせた浪江ＪＣのメンバーの気持ちを、変えるきっかけになったと思います。

危機のなかで仲間の心を1つにしたビジョン

震災から3、4カ月が経った頃、日本青年会議所（ＪＣ本会）の役員やＪＣ出身の現役国会議員からなる超党派のＪＣ議連が、被災地にいるＪＣ会員のために相談窓口を設け、生活や会社経営に関する悩みを直接聞く機会を設けてくれました。

当時、私は成田市に本社の仮事務所を置き、家族も関東圏に移動していたので、理事長の代理としてＪＣ本会との調整にあたりました。

そのなかで私は、このＪＣのネットワークを通じ、被災地の方が事業を再開したり、生活を再建したりするうえで困っていることを集約し、その情報を国に届けることに大きな希望を感じました。皆が生業を再開し、平穏な日常生活を取り戻すために、ＪＣの持つ広いネットワークを活かせないものか。そのためにも、浪江ＪＣを存続させなければならない。

それが、当時私の抱いた思いです。

事業を再開し、地元に雇用を呼び戻したいという志をもつ経営者。避難先で家族や子どもたち、高齢者を支えながら、不自由な生活を強いられている方々の悩みに応えたい。

とくに小さなお子さんのいるご家庭では、子どもたちを保育園や幼稚園に通わせることができず、大変困っていました。しかも支払い等に必要なクレジットカードをつくりたくても、住所が被災地のままでは、カードの届け先の指定もできないのです。

浪江町民の避難先を回りながら、皆さんの困りごとを聞いて問題と課題を整理する。浪江ＪＣは、それらを解決するための組織であってもいいのではないか、と考えるようになりました。

そもそも、復興とは何なのでしょうか。

私は被災地にとっての震災と原発事故からの復興とは、この地域の企業の再開と住んでいた人たちの生活再建と共に、前を向いて頑張っていこうという意識を持つこと。加えて、それらを後押しする環境整備だと思います。

被災地で多くの人が汗を流し、瓦礫《がれき》を片付け、綺麗にしてくださるのは本当にありがたいことです。でも私は、被災者や被災した企業が再建し、そこで働く方が前を向き、日常を取り戻すことが、真の意味での復興だと思います。

そんな思いから、復興を実態が見えない「まぼろし」にしてはならない、自分たちの生業と生活を取り戻すことに力を注ごう、というビジョンが生まれました。

私はこうしたビジョンを、電話やSNSを通じて、浪江JCの会員1人ひとりに伝えました。

その結果、彼らは私のビジョンに共感し、内発的に動いてくれました。おそらく彼らも、「生業と生活を取り戻す活動に関わりたい」という強い思いを抱いていたのでしょう。

全国のJC会員がそうであるように、彼らの多くは企業経営者です。だから事業再開にあたり、補助や助成、給付金などが活用できる、あるいはこんな融資制度があるという情報を必要としていました。そういった意味でも、ビジョンが目的と一致していたからこそ、共感が生まれたのだと思います。

秋口になり、浪江JCの活動を存続させるには、誰かがリーダーを務める必要が出てきました。私は「浪江町を真の意味で復興させたい。もしほかに誰もやる人がいないのなら、私が必ず浪江青年会議所を再建させるから、ついてきてほしい」と言って手を挙げ、浪江JCの理事長に就任しました。

たとえ戻れなくても、かけがえのないふるさとは1つだ

こうして浪江JCは組織を存続しましたが、会員の避難先は散り散りでした。そこで毎月の例会

の開催場所を1カ所に固定せず、今月は会津若松市、来月はいわき市、再来月は郡山市といったように、それぞれが避難している場所をできるだけ回り参加をしてもらおうと考えました。

あの頃、避難している方々のあいだで、「いつになったら町に帰れるのだろう」「私たちは帰る」「私たちは帰らない」など、様々な意見が出ていました。

大地震に大津波、加えて原発事故という、未曽有《みぞう》の大災害に遭遇したのですから、その気持ちはよくわかります。実際、私自身もいつ故郷に帰れるかわかりません。

でも私は、「答えの出ない議論をして悩んでいても仕方がない。帰る、帰らないは個人の判断に任せるとして、浪江ＪＣとしては、町をどう存続させていくのか、20年後、30年後にどんな町であるべきかを考え、行動しなければならない。ここいた子供たちが、ここで生まれ育ったことを隠して生きていくようなふるさとにしてはいけない」と強く思っていました。

たとえ今後町に戻らないとしても、そこが私たちのふるさとであるという事実はこの先もずっと変わりません。だから、町に戻る人だけが集まって何かをするのではなく、町に戻らないと決断をした人にも、遠く離れたところからできることがある。「自分のふるさとはここだ」と自信をもって言える場所にしたい。

私はここに、最も共感を求めたのだと思います。

大地震や大津波、加えて原発事故などの現実を正面から受け止めて、そこにあった企業が再建し、そこで働く人がいれば、まちは活力を取り戻すと信じていました。

これが、浪江ＪＣの再開にあたり、皆で確認し合ったことです。

いつふるさとに戻れるのか、誰もわからないなかで、皆でビジョンに向かって進むという、今思えばなかなか難しい状況だったにもかかわらず、私は自然体でいられたような気がしています。それは妻と娘、母との４人暮らしで、ほかの人よりも身動きがとりやすかったからかもしれません。

結果論になりますが、そういった環境と家族の支えのおかげで、冷静に判断できていたような気がします。

コロナ禍という逆境のなかで、会頭に就任

それから8年が過ぎ、私は２０２０年度の日本青年会議所会頭に選出され、1年間の任期を務めることになりました。

ご存じの通り、新型コロナウイルス感染症の世界的な大流行のなか、ＪＣという組織を動かす大役を担うことになったのです。

会頭就任にあたり、会頭所信にはこう記しました。

「震災後、ただただ呆然と立ち尽くし、将来に対する希望を失い、絶望感に浸る日々を送っていた。そのような私に、現実を受け止め、未来を切り拓く勇気を与えてくれたのが、この組織

で出会った人びとである。青年会議所どころではないと感じたこともあった。しかし、青年会議所がなくなったら、故郷の未来はどうなるのだろうかと自問自答を繰り返した。

そこで導き出された答えは、夢を語り、希望に満ちた、世界に誇れる故郷の未来を描くこと。

そう決意したら、再び前を向いて歩き出すことができた。

気づいたら、一緒に活動する仲間が集まってくれた。

挑戦する前から無理だと決めつける、そのような先入観は捨て、大きな夢を語り、仲間を集めて、未来を創ろう。我々は、必ず変化を起こすことができると信じている。

己の信じた道を突き進む、真実一路が世の中を変えるのだと私は思う。

先入観を捨て
夢を描き、仲間を信じて、新しい時代を創りだそう
軌跡を紡ぎ、奇跡を起こそう」

こうした理念のもとで、日本青年会議所の2020年度の運動がスタートしました。しかしながら2月に入り新型コロナウイルスが蔓延し、緊急事態宣言が発令。世の中は自粛ムードとなり、生活が一変しました。そんな逆境のなか、日本青年会議所は全国のＪＣと連携し、「東京2020オリンピック」の開会式が行われる予定だった7月24日に、47都道府県で一斉に花火を打ち上げまし

た。これは、「同じ時間に、同じ空を見上げ、みんなで力を合わせこの苦難を乗り切ろう。そしてあたらしい日本をはじめよう」というメッセージを込めた、「全国一斉花火プロジェクト～はじまりの花火～」という事業です。

また同年度に私たちは、クラウドファンディングで資金を調達し、医療用N95マスクを全国の医療機関へ寄付する「マスクエール」など、支援活動を行う「医療従事者応援プロジェクト」も実施しました。全国のJC会員へのアンケートをもとにして、経済対策やコロナ禍の生活支援、コロナ終息後の経済対策などについての政策提言を、元会頭の松山 政司先輩を通じて、岸田 文雄自民党政調会長（当時）に提出するといった取り組みも行いました。

私は当時、コロナ禍も災害の一種だと捉えていました。新型コロナウイルス感染症の大流行という、一種の災害が発生したことで、行動が制限され自由が奪われ人々が困っている。皆でコロナ禍を乗り越えて事業を存続させる。あるいは、「あたらしい日本」に向かってシフトチェンジをするためのきっかけになるような政策や制度をつくること。日本青年会議所はそれを支えていかなければならないと考えたのです。

問題や課題を正しく認識し、メッセージを伝えるのがリーダーの役割

たしかにコロナ禍は、優先的に解決しなければならない問題です。しかし、マスコミの報道も含

めて世の中がコロナ一色になり、人々の意識がそれだけに集中してしまうと、ほかの多くの社会課題への取り組みがおろそかになってしまいます。

だから私は、「今起きている社会課題＋コロナ禍」という視点をもって、２０２０年度のＪＣの運動を行っていこうと考えました。

コロナ禍において、多くの人々が苦しさを味わい、ともすれば後ろ向きになる気持ちと戦っていたと思います。その背景にあるのは、多くの場合、自分の生業の不振であるはずです。

売上が大きく減少し、社業が危機に追い込まれるなかで、ＪＣの活動を続けるのは苦しいものです。日本青年会議所として、２０２０年度のＪＣの運動を進めていくことは非常に難しいものでした。

そこで私は、〝ＪＣの活動や運動は自分たちの生業を守ることだ〟という本質に立ち返る必要があると強く感じていました。

政府に対して行う提言も、企業の存続・事業再構築、あるいはＤＸ導入のための支援や補助など生業を守るものにしました。これはＪＣという組織のためではなく、コロナ禍で苦しんでいる人々の雇用を守るためのものです。ほかにも融資制度の拡充や減税措置はもちろん、接待交際費の上限撤廃に対して支え合う環境を企業としてつくれないだろうかなど、全国の会員のアイデアをまとめて提言の中身を組み立てていったのです。

私たちが主に取り組んだのは、新型コロナウイルス感染症の感染拡大防止に最大限配慮したうえで、行動制限の規制緩和をどう進めるかということでした。

私たちの取り組みに対して、もちろん賛否両論があり、都市部と地方では温度差もありました。

本来、私が1年の任期中に会頭としてやるべきだったのは、全国のJCを回って理事長との対話や講演を行い、1人でも多くの会員のモチベーションを上げることだったのでしょう。でも2020年度はコロナ禍で思うように移動ができなかったので、やむをえず訪問先や人数を制限して、各地のJCに負担をかけないように配慮しました。

また、Zoomに「Masafumi's Room（全史の部屋）」を設置し、各JCの理事長と1時間話し、現場の声に耳を傾け、私の経験を踏まえたアドバイスをするようにもしました。JCは全国に680カ所以上ありますが、約3分の1の理事長とは話せたと思います。できるなら全員の声を聞きたいと思っていました。

メンバーに「やらせる」のではなく、まず自ら率先垂範せよ

私が組織を動かすうえで心がけていることは、率先垂範です。

率先垂範とはいっても、もちろん自分にはできず、ほかの方に頼まなければならないことはたくさんあります。しかし会社でもJCでも、基本的には、最初にリーダーがやってみせないと、社員もメンバーも本気になってくれません。

自分自身、それほど多くのことに長けているわけではありません。でもやってみる。1度やって

みて駄目でも、何度かやっているうちに、できなかった原因がわかってきます。リーダーのそんな姿に動かされ、社員もメンバーも自ら行動に移すという現象が起きるのです。

私は、浪江JCの理事長をしていたときに、県内各地に設けられた仮設住宅を訪れ、入居者の皆さんの困りごとを聞いて回っていました。最初は1人で仮設住宅を回っていましたが、そのうちに「私も行きます」「私が運転していきます」と言ってくれるメンバーが1人、また1人と加わるようになりました。

「これから仮設住宅を回り、悩みごとを聞き問題と課題を整理しよう」と提案したとき、メンバーたちは「本当にやるんですか?」という顔をしていました。それが気づけば皆で手分けをして、仮設住宅を訪問するようになっていたのです。もし私が理想論ばかり語り、「仮設住宅に行って話を聞いてきてください」と頼んでいたら、実際に行ってくれる人はほとんどいなかったでしょう。

会社経営でも率先垂範は大切です。私は26歳のときに父が亡くなり、急遽《きゅうきょ》社長として会社を継ぐことになりました。まだ大学を出たばかりで、社員は全員年上。その環境で生きていく術として、率先垂範が身についたのかもしれません。

当時は社員数が少なかったこともあり、社長本来の仕事以外にも、あらゆる雑用、雑務を率先して行いました。管理している不動産の専用ゴミステーションの掃除や街灯やグローランプの交換も、自ら脚立《きゃたつ》を持って行き社員と一緒にやりました。

本来、仕事は理論や理屈ではできません。現場に出なければわかりません。ヒントは現場にあると自分に言い聞かせ、率先して現場に出るよう心がけました。まだ20代の青年社長が、社歴の長い社員を動かすのは並大抵のことではありません。あの頃、私が現場の仕事をしなければ、その任務の苦労や大切さには気づけなかったかもしれません。つまり、働く人を思いやることができない社長になり、社員は戻らず、震災や原発事故により途絶えた事業を再開できなかったかもしれないのです。その行為から生まれた「信頼関係」のありがたさに、今、支えられています。

相手の立場になり、考え行動することから見えてくる次のステージ。一歩踏み出す勇気と見える景色の変化、共に行動することによる連帯感、その一歩を踏み出す率先垂範こそ大切なことだと今も心に刻んでいます。

現役のＪＣ会員の皆さんに、「石田さんはＪＣが好きですか？」と質問されることがあります。私自身はＪＣを好きか嫌いかで判断して、活動や運動をしてきたのではありません。私にとってＪＣが、必要な存在だったからずっと関わってきたのです。ですから現役のＪＣ会員の皆さんの質問にはいつも、「ＪＣが皆さんにとってもっと必要性の高い組織になってほしい」と答えています。

「働く」とは、人のために、懸命に動くこと

人の価値観は千差万別。お金で動く人も、そうでない人もいます。私が、ＪＣの活動や運動を通じて学び確信したのは、気持ち、理念などへの共感が大切だということです。

本書で各歴代会頭が話している通り、ＪＣの活動や運動は無報酬で、交通費や宿泊代も含めて、かかる費用はすべて自己負担です。

だからなおさら、人の感情あるいは人の行動とはどういうものかを、ＪＣで学ばせていただいたと思います。

ＪＣで学んだことを社業に置き換えてみて、今その学びが正しかったことを実感しています。とくに浪江町という場所で、人の感情あるいは人の行動とはどういうものなのかを、深く考えるようになりました。

『浪江町 震災・復興記録誌 未来へつなぐ浪江の記憶』によると、２０１７年3月31日に避難指示が解除された後、同年４月の浪江町居住人口は１９５人となり、４年後の２０２１年３月には約８倍の１６２８人まで増えました。それでも、東日本大震災の前年、２０１０年の人口２万９０５人に比べれば、10分の１以下で、あまりにも少ないです。

実際、震災以降10年近く、この被災地において求人を出し続けていますが、基本給を通常より高く設定しても、人はなかなか集まりません。福島県内のコンビニエンスストアの店員の時給は平均８５０円ぐらいですが、浪江町では一時期４０００円を超えていました。それだけ働き手が不足しているのです。

ところがそれでも、「ここで人を見つけて、必ず事業を成長させたい」と思い続け、あきらめずにやっていると、本当に素晴らしい志をもった人財に出会えます。

「ふるさとを守るため、私たちはこの場所でどうしても事業を続けていかなければなりません。ここで、お客様の住まいの夢の実現のために、ここに不動産を置いて遠くに避難した方々のために、一緒にこの課題を解決したい。同時に被災地をなんとかしたい」という理念に共感し、働いてくれている社員もいます。

ほかにも、震災直後に本社の仮事務所を置いた成田市、また同じ福島県内でも浪江町から約70キロメートルも離れている二本松市や郡山市、あるいは新潟県内に家族を残したまま、単身赴任してくれている社員もいます。

病院はなく診療所だけが存在し、スーパーマーケットはイオン浪江店が唯一の存在、コンビニエンスストアは3軒、飲食店が数店舗。ほかには道の駅なみえ、ガソリンスタンドぐらいしか商業店舗がないのが、現在の浪江町です。ここで働くというからには、何かしら志をもってくれているのでしょう。

私にとって、ここで働いてくれている社員たちは誰1人欠けてはならない人財であり、感謝しかありません。そんな社員たちの健康面、生活や働く環境を絶えず気にかけることが、私の仕事なのだと思います。

以前、青木社長とお話しさせていただいたとき、

「『働』という漢字は、人のために懸命に動くと書く。けっしてお金のためではない。

『働』は『かねへん』の漢字ではない」

という話題になったことがあります。

私たちが働くのは、お金をもらうため、生計を立てるためかもしれません。でも、その先を見てほしい。お金とは、お客様の「ありがとう」という感謝の気持ちや課題を解決した証が形になったものであり、人のために尽くすことで、あとからついてくる果実のようなものです。

お金が前提で働くのではなく、「人のために動く」から、その代償としてあとからお金がついてくる。だから人のため、自分の目の前にいるお客様のために尽くすことが、本来の意味で働くということだと、青木社長と語り合ったことを、今でもよく覚えています。

「かねへん」ではなく「にんべん」で働く姿を、経営者なりリーダーなりがそれこそ本気で、率先して示せば、組織は素晴らしいものになっていくでしょう。

「にんべん」に「動」と書いて「働」という漢字になるのですから。

社員の「生きがいのプラットフォーム」をつくる

社員たちには普段から、「自分は何のために働いているのか」ということを、考えてもらっています。

もちろん、生活のためというのも1つの目的でしょう。でも、私たちはお客様に住まいを提供する会社です。だから社員たちには、「住まいを通じて世の中の課題をどう解決できるのか」に目を向けて仕事をし、そこにプライドをもち、自信をもてる職場をつくってもらいたいと思っています。「誰かの役に立っている」と実感できること。そして誰かの役に立ち、それに対して「ありがとう」と言っていただくことが、生きていくうえでのエネルギーになる。心の報酬を得ることや達成感、さらなる向上心を抱くことが成長だと思うのです。

「住まいを通じて世の中の課題を解決する」ために働くことが、社員の生きがいとなる。そのような場を提供することが、経営者である私にとって、最も大事な仕事です。

職場は株主や経営者のためにあるのではなく、社員たちの「生きがいのプラットフォーム」にならなければいけません。だから私は今、そのための環境づくりに全力を傾けているのです。

定住人口が一度ゼロになった町を、世界に貢献できる場に

この被災地で住まいの提案を行うにあたり、社員たちによく話しているのは、「仕事がないと嘆くより、仕事をどうやってつくるかということに、皆で取り組もう。ここでしかできないことが必ずあるはずだ」ということです。

誰も経験したことのないできごとが起きた地域だからこそ、世界に貢献する場にならなければいけません。あれだけの事故が起きて、国内外から多くの温かい支援を受けたことに対して恩返しを

しなければならないのです。ですから、ここから世界の課題を解決する何かが生まれることに期待し、私たちも積極的に関わっていきたいと思います。

今、東日本大震災および原発事故で大きな被害を受けた福島県の浜通り地域などの15市町村に、新たな産業基盤を構築するため、「福島イノベーション・コースト構想」という国家プロジェクトが進められています。

同プロジェクトでは廃炉、ロボット・ドローン、エネルギー・環境・リサイクル、農林水産業、医療関連、航空宇宙が重点分野に位置づけられており、その司令塔となる福島国際研究教育機構が、浪江町に整備されることが決まっています。

これからのまちづくりを進めるうえで、国のこうした動きも含め、定住人口をいかに増やすかだけでなく、「ここにしかない価値」をいかに生み出し、関係人口や交流人口を増やしていくかがポイントになってくるはずです。

いったん定住人口がゼロになった町に再び人が住み始め、世の中にまだ存在しない先端技術や面白いアイデアが数多く生み出されるというのは、想像するだけでワクワクすることではありませんか。

ロボット・ドローン分野にしても、これだけ人がいないのですから、ドローン配送の実証実験を大々的に行うには絶好のロケーションです。ここなら、無人タクシーなどの大規模実証実験も滞りなく実施できると思います。

このように、可能性が大きく開けている地域なのです。「違い」＝「価値」とポジティブに受け止められれば、可能性は大きく広がります。

できないことが多い半面、できることも多く思い浮かぶ町。

少し「背伸び」をすることで何かができるなら、どのように背伸びができるか、課題を解決していく方法を考えればいいのです。

こんなことができる場所は、日本中を探しても、浪江町しかないと思います。「ここしかない」という、ほかにはない価値をもっているのです。

できないことよりもできることを考え、進み続ける

時代は、進化をしながら繰り返す。

これが、私が東日本大震災やコロナ禍といった、時代の大きな波を乗り越えるなかで、実感してきたことです。

単に同じことが繰り返されるのではなく、進化しながら、以前と同じようなことが起こるのです。だから私は、物ごとを長い目で見て、「こんな経験ができるのは今しかない」「ここしかない」ということに価値を見出せるかどうか、絶望的なロケーションでも、楽しく生きていくことができるかどうかを大切にしてきました。

実際に今、この場所にいることが楽しく、ワクワクした気持ちでいっぱいです。浪江町はまだ何もない場所ですが、これから劇的に、大きなことが起きそうだという期待感に満ちていて、刺激的な場所なのです。

現役のＪＣ会員の皆さんをはじめ、トップリーダーを目指す若者たちに伝えたいのは、できない理由を語るよりも、できることを考えてほしいということ。そしてもう1つが、現状に対して不満があるなら、何か行動を起こしてほしいということです。

行動を起こさなければ今よりよくなることはない。そして一歩踏み出せば、また違った景色が見えてくるはずです。それがよい結果を生み出すか、はたまた想定していない結果となるかはわかりません。しかしたとえ想定しない結果が出たとしても、それは過程であり、大きな意味をもつ行動であったと評価されるはずです。

現役の皆さんには、地道な努力とあっと驚くような挑戦をし続けていただきたいのです。

リーダーは本音・本心・本気で「生き様」を示せ（青木 仁志）

「真実一路」で前に突き進むリーダーの姿

石田さんが社長を務める株式会社双葉不動産の本社は、福島県双葉郡浪江町にある。

浪江町は、２０１１年3月11日に発生した東日本大震災で、強い揺れと大津波に見舞われ壊滅的な被害を受けた。

そればかりか、震災に引き続いて起きた福島第一原発事故によって全町避難となり、浪江町民は生活や仕事の基盤を失い、長きにわたる避難生活を強いられている。ふるさとに戻ることをあきらめ、新たな地で生活を始めた町民も多い。

当時、浪江ＪＣの副理事長を務めていた石田さんは、困難のなかで事業を再開・継続する一方、存続の危機にあった浪江ＪＣの活動再開に尽力し、２０１２年度に理事長に就任。「浪江町に生業と生活を取り戻す」というビジョンを掲げ、様々な支援活動を指揮した。

そしてその8年後、２０２０年度の日本青年会議所会頭に就任し、ＪＣの活動や運動の先頭に立ことになる。

新型コロナウイルス感染症の感染拡大にともなう行動制限が続くなかで、医療従事者への支援活動、全国のJC会員へのアンケートをもとにした経済対策や個人の生活支援、およびコロナ禍終息後の対策についての政策提言などが行われた。

未曽有の危機にあっても前を向いて歩き出し、リーダーシップを発揮して見事に組織をまとめ上げたのが石田さんだ。

危機のときにこそ、トップリーダーの指導力が問われる。

石田さんが記した日本青年会議所2020年度会頭所信に、「己の信じた道を突き進む、真実一路が世の中を変える」という言葉がある。

「真実一路」の思いのもとで、信じた道を歩み続ける。その姿勢が、石田さんが実践してきた率先垂範のリーダーシップをよく表している。

本音・本心・本気で人と現場に向き合う姿勢

何ごとにおいても、リーダーが本気で取り組まなければ人はついてこない。私自身が、リーダーとして組織を動かすときに大切にしているのは、本音・本心・本気だ。

まずリーダーが、本音の部分でそれをやろうと思っているか。あるいは、本心からそれをやりたいと思っているか。そして、本気でそれに取り組む覚悟があるかどうか。

これはある意味、石田さんが信条にしている真実一路と重なるかもしれない。

小さなことからでもいいから、自分が率先して取り組む。リーダーのそんな姿勢を見て、周囲が巻き込まれていくのだ。口だけで「ああしろ、こうしろ」と言っても、人は動かない。

この世は多くの虚実に満ちている。過去は虚で、未来も虚だ。虚とは、実体のないものを指す。しかし、未来は行動によって実に変わる。

企業にしろＪＣにしろ、あらゆる組織の活動は、結局のところ、小さな実の積み重ねである。小さな実をおろそかにしていると、大きな実をつくることはできない。

私が、「営業担当者は同行営業で育てなさい」と指導しているのも、現場に実があるからだ。先輩が実際にやっている姿を見せれば、後輩はそれを見て、「こうすればいいのか」と理解し実践できるようになる。

組織には、そうやって実を見せる指導者が必要なのだ。

石田さんは、浪江ＪＣの理事長時代を振り返り、福島県内各所に設置された仮設住宅を訪ねて回った話をしてくれた。

彼は仮設住宅に入居していた浪江町民の声を聞き、それを浪江ＪＣが手がける支援活動に反映させるため、最初は1人で仮設住宅を訪ねて回った。

仮設住宅といっても、1カ所に立地していたのではない。浪江町が管理する応急仮設住宅は31カ所あり、たとえば桑折町《こおりまち》に3カ所、二本松市に11カ所、福島市に8カ所というように、県内の複数の自治体に分散していた。

広い福島県内を移動し、町民の困りごとを聞いて回るのである。自ら率先垂範する石田さんの姿に動かされ、同行するメンバーが1人、また1人と増え、最終的には分担して仮設住宅を回るようになった。

石田さんはまさに、小さな実を積み重ね、それをより大きな実に育てていくことを大事にしてきた指導者だと言える。

リーダーの「あり方」を見習い、皆で実をつくる組織

現場には、すべての答えがある。逆にいえば、現場にしか答えはない。

会社であれば、社員たちが日々顧客先に足を運び、営業活動に汗を流してくれている。仕事なのだからそれが当然で、成果を上げられないのは本人の努力不足や能力不足のせいで、任せた以上、責任は社員たちにあると考えるのが、世間では普通のことなのかもしれない。

だが、その考え方は根本的に間違っている。

経営者は、会社の業績という大きな実をつくること、そしてそのために必要な、社員1人ひとりがきちんと成果を上げるという、小さな実をつくることに対して最終責任を負っている。経営者は

その責任から逃れられないのだ。

だからそもそも経営者は、自分の代わりに社員たちがお客様と接してくれているという意識をもたなければならない。

アチーブメントも組織が大きくなったので、今は人材育成や指導を幹部に任せている。だが私も当初は、まず自分がやってみせて、「このレベルまでできるなら、やってごらん」と言って仕事を任せた。そして今度は、仕事ができるようになった新入社員に若い社員をつけて、指導を行ってもらっていた。

朝礼にしてもそうである。私と同じレベルの朝礼ができる社員を育てて、任せている。今は社員200名規模になったので、私自身は朝礼に出席していない。

そうやって人が育っていくにつれて、小さな実が、雪だるま式に大きくなっていったのだ。

その「雪だるま」の核となる部分を最初につくるのは、リーダーである自分自身である。

もっといえば、経営者は会社の核となる理念や哲学も、意思決定を行う判断基準もすべて、自分でつくらなければならない。私は、経営者がそうやって自らつくり出した核から派生しているものが経営だと考えている。言い換えれば、経営者は自ら「雪だるまの核」をつくり出し、社員たちに受け渡しているということでもある。

率先垂範とは「範を示す」ということであり、リーダーが自らやってみせることは、そのプロセスである。だが組織全体として見れば、リーダーの自らやってみせる姿勢に動かされ、社員1人ひとりが動き出すということは、組織の中心にいるリーダーの「あり方」を見習い、皆で実をつくっていこうという、より大きな行動につながっていく。トップリーダーは、そういう組織づくりを心がけたいものだ。

適宜・適切・的確に判断し、意思決定をすることの大切さ

石田さんの体験談を聞いて改めて思うのは、組織が危機に直面したときにこそ、リーダーシップの真価やリーダーの「あり方」が問われるということだ。

石田さんが危機のなかで最も大切にしたのは、人と人とのつながりだった。組織が危機に直面したとき、リーダーに問われるのは、メンバー1人ひとりとどうつながり、そのつながりを本当の意味で大切にするために、どのように考え行動するかということだ。大上段に構え、あるべき論を唱えるだけでは、人は動かない。

その点、1人ひとりを純粋に思いやる心が、石田さんの思いと行動の原点にあった。その意味で、石田さんが1人ひとりと関わる姿勢は、危機のなかでもきわめて自然体だった。

そういう姿勢が、組織の存続の危機から共に立ち上がった浪江JCのメンバーや、事業再開のために共に汗を流した、双葉不動産の社員たちの心に伝わったのだろう。

メンバー1人ひとりに対する真の思いやりこそ、リーダーが本当に大切にしなければならないも

のであり、人を動かすリーダーの本質はそこにある。

たとえば東日本大震災や原発事故然り、コロナ禍然り、危機的な状況のなかで、JCのメンバー1人ひとりが自分の生活をどう立て直したらいいのか、これからどうやって生きていったらいいのかという不安を抱えていた。

そこで石田さんは「皆の生業と生活を取り戻す」というビジョンを掲げ、それを起点に自ら率先垂範しながら、JCの活動や運動を再構築していった。

石田さんの話を聞き、そのプロセスをたどりながら感銘を受けたのは、石田さんがきわめて適宜・適切・的確に物ごとを判断し、意思決定をしていたということだ。

意思決定にはタイミングというものがあり、早すぎても遅すぎてもよい結果には結びつきにくい。

たとえば東日本大震災および原発事故のケースでいえば、石田さんはもちろん当時の浪江JCのメンバーたちも、未曽有の大災害によって生活の基盤はおろか、ふるさと自体を失ってしまった。

震災後1カ月が経とうとしていた頃、浪江JCの活動をどうするかという話し合いの場がもたれた。「私はもうやめます。活動できません」というメンバーに対し、「落ち着くまで活動はしなくてもいい。やめる必要もない。今焦って答えを出さなくてもいい。困ったことがあったら話してほしい」と声をかけたという。

それぞれ家庭のこともあるだろうし、会社のこともある。そんななかでいきなり定期的に集まって、活動を再開することはできない。まずはメンバー1人ひとりの生活と仕事の立て直しを優先させた。

それからまた数カ月が過ぎ、メンバーの気持ちがようやく前に向き始め、日本が被災地のＪＣに対する支援を本格化させた。石田さんはそのタイミングで、「皆の生業を再開し、日常生活に平穏を取り戻すために、浪江ＪＣを存続させよう」というメッセージを発信した。

そして、この最も厳しい時期に、自分が組織をまとめなければならないと決断し、浪江ＪＣの理事長に手を挙げたのだ。

自分の主観を絶対視せず、ネガティブ思考をポジティブ思考に転換せよ

私はこうした一連の話に耳を傾け、石田さんのリーダーとしての力量に、改めて感銘を受けた。そもそもリーダーが右往左往していたら、とてもではないが組織はまとまらない。

石田さんは浪江ＪＣ副理事長・理事長として１００年に1度の大震災に向き合い、日本青年会議所会頭として、１００年に1度のパンデミック（感染症の世界的大流行）のなかで約３万人の会員をもつ巨大な組織を動かしてきた。

１９４９年の設立以来、74年にわたる日本のＪＣの歴史において、ある意味、最も過酷な状況のもとでリーダーシップを発揮した人物であり、危機のなかで最善の選択・決断をしたリーダーだったと思う。

状況が刻一刻と移り変わるなか、「今、何が大切か」ということを正しく見極め、文字通りベストのタイミングで判断、行動を重ねた。

石田さんがリーダーとして下した数々の判断は、肯定的な価値観に基づいている。どんな困難に遭っても、「もう駄目だ」「とてもできない」といったネガティブな解釈に打ち負かされず、物ごとを俯瞰し事実を客観的に捉えていた。組織を動かすリーダーには、等しくこうした能力が求められる。

人はなりたい自分になれるし、得たいと思ったものを得ることができる。だがその半面、自分の考え以上のものにはならない。だから、自分の主観を絶対視せず、自分の行動を客観的に自己評価することが欠かせない。

アチーブメントが31年間にわたって約5万人の受講生に提供し続けてきた『頂点への道』講座や講演などで、私は繰り返しこう述べてきた。

「正しさ」は、人の数だけ存在する。だがリーダーは、それが真実に基づく「正しさ」（事実）なのか、単なるその人の解釈なのかをきちんと区別しなければならない。事実と解釈は異なる。私たちが事実だと思っていることが、実際には思い込みであるかもしれないのだ。

「状況はどんどん悪くなっていくばかりだ」とか「自分たちがいくら頑張っても無駄だ」というネガティブ思考も、自分自身の思い込みによってもたらされている可能性が高い。

だからリーダーは、挑戦してもいないのに「これが限界だ」と思い込むネガティブ思考に囚われてはならない。ネガティブ思考は、挑戦をためらわせる「恐れ」をもたらす。恐れのあるところに挑戦はなく、挑戦なきところに偉大な成果は生まれない。

「私にはできない」というネガティブ思考を、「私にはできる」というポジティブ思考に転換することで、可能性が開けていくのだ。

私はこうした否定的な解釈や感情を、肯定的な解釈や感情に変えていくことを、「パラダイムシフト」と呼んでいる。考え方が変われば判断が変わり、逆境も成長のためのチャンスと捉えられるようになる。

社員の働きがいを、本当に「我が喜び」と思えているか

一方、人は何で動くのかということも、私と石田さんとの対談における重要なテーマになった。

石田さんは、「お金というものは、お客様の『ありがとう』という気持ちが形になったものであり、人のために何かをしたときに、あとからついてくるもの」だと話していたが、まったく同感である。

アチーブメントの社員たちには、お金のために働いているという意識はない。お客様の成果の創造のために一生懸命働いてくれている。だから私はその気持ちに報いるため、社員たちに、物心共に豊かな人生を過ごしてもらいたいという一心で、業界でも最高レベルの報酬で報いることにプライドをもち、頑張ってきた。

社員たちは、「上質の追求」というアチーブメントの企業理念に共感し、「世界最高峰の人財教育コンサルティング会社」というビジョンを共に実現したいと本当に思ってくれている。

中卒で鉄工所の工員から身を起こし、学歴もなく実績だけで上り詰めてきた私としては、「縁あ

る人を幸せにする」という経営の目的を遂げるため、本当に情熱をもって頑張っている姿勢を見せ、前に進んでいくしかない。

社員たちがその姿を見て、「自分も力になりたい」と思って頑張ってくれたら幸いだ。私にとっての率先垂範は、そうやって「生き様」を見せることなのだ。

だからなおのこと私には、「ここで働いてくれている社員たちは誰1人欠けてはならない人財であり、感謝しかありません」と話した石田さんの気持ちがよくわかる。

私も社員に対して、感謝の気持ちしか伝えることができない。

コロナ禍以前にアメリカのワシントンで、石田さんと、「働」という漢字は、人のために動くと書くのであって、「かねへん」の漢字ではないという話をしたこともよく覚えている。

社員たちの喜びややりがい、生きがいというものを、経営者がどこまで深く考えているかが重要だ。

企業で社員たちが得る報酬には、経済的報酬と精神的報酬の2種類がある。経済的報酬が低ければ、社員たちは苦しい生活を余儀なくされる。逆に精神的報酬が低ければ、社員たちのモチベーションは低下する。

私は、経済的報酬と精神的報酬の両方が必要で、むしろ精神的報酬を半歩優先させるぐらいがよいと考えている。本人のモチベーションが向上することで成長が促され、そのあとに経済的報酬がついてくるという好循環が生まれるからだ。

経済的報酬は重視しなくてよい、と言っているのではない。経営者に「社員の働きがいを我が喜び」と本当に思えているか、と問いたいだけだ。

その一方で経営者は、経済的報酬、お金を優先させることで、報酬金額の増減や社員間の格差が不平不満の種になったり、社内に利益のために人を踏み台にするような「お金軸」の企業文化が生まれたりしないよう、注意しなければならない。

そのような企業に長期的な繁栄はあり得ない。

だから経営者である自分自身が、「社員を幸せにしたい」という強い思いをもち、本音・本心・本気で社員に接する。そうした行動を通じて、人としてあるべき姿、あり方とは何かを、石田さんは社員に示し続けている。これが、経営者が実践すべき、本当の人格教育なのだ。

逆境のなかでAIに、明るい未来が描けるか

浪江JCは浪江町、双葉町、大熊町、葛尾村の3町1村を活動エリアにしている。浪江町は、石田さんが社長を務める双葉不動産が本社を置く町で、東日本大震災の前年は2万人以上が住んでいた。ところが2011年3月11日に浪江町に住民票があった町民で、2023年2月末現在、浪江町に居住している人の数は1355人にとどまっている。

にも関わらず石田さんは、浪江町を「可能性が大きく開けているまち」だと言う。

現在、スーパーマーケットが1軒、コンビニエンスストアが3軒、商業店舗も数えるほどしかな

い。だが、石田さんは浪江町を含む福島イノベーション・コースト構想、福島国際研究教育機構の誘致により、まだ世の中に存在していない先端技術や面白いアイデアが数多く生み出される、ワクワクする未来を見ている。

目のつけどころが違うのだ。

「時代は進化をしながら繰り返す」という言葉からしても、石田さんが深い知恵の持ち主であることはわかる。つねに先を見て、長い時間軸で物ごとを考えているのだ。

今期の業績こそがすべてだという考え方に囚われすぎると、視点が短期的になる。その結果、「重要度は高いが緊急度が低い」ことに意識が向かなくなり、そこに時間を使わなくなってしまう。「重要だが、緊急ではないこと」は、会社なら人材育成がその典型だ。自分でやったほうが早いからと、社員を育てることを怠れば、組織の成長は望めない。だから、教育に投資をして管理職を育てることで、組織の生産性を高めるなど、つねに先を見て将来の成長の基盤を整えたり、次の手を打ったりしておく必要がある。

石田さんには、その将来の成長の基盤が見えているのだ。

また、つねに先を見て物ごとを考えているから、目先のできごとや自分の思い込みに左右されたり、ネガティブ思考に陥ったりすることがない。さらに、思考や判断が思い込みに左右されないので、発想がクリエイティブ。

２０４５年頃には、ＡＩが人間の知性を上回るシンギュラリティの時代が到来し、多くの仕事が奪われるといわれている。

ならば人間にしかできない、人間ならではの仕事をつくっていけばいいというのが私の考え方だ。なかでもクリエイティビティ（創造性）、ホスピタリティ（おもてなしの心）、マネジメント（経営）は人間だからこそなし得ることである。

まず第一に、クリエイティビティ、創造性こそ人たるゆえんを象徴するものだろう。

また、ホスピタリティの源泉となる、思いやりの心や優しさといった感情を、そもそもどう定義しコンピュータに実行させるのか。

マネジメントにしてもそうである。メンバー1人ひとりを内発的に動機付け、皆で力を合わせて経営ビジョンの実現に向けて進んでいく組織を、AIにつくることができるだろうか。

そもそも「縁ある人を大切にする」という経営の目的をもつことも、思いやりの心がなければ不可能だ。本章がテーマにしている「範を示す」ことや率先垂範も、AIには難しいだろう。

つまりシンギュラリティの時代には、人間にしかできないマネジメント能力を最大限に発揮するリーダーの力量が、より一層問われることになる。

付け加えれば、かつて2万人を超えていた定住人口がゼロとなり、昨年3月にやっと1628人まで戻ったばかりの浪江町の現状を見て、バラ色の未来を描くことがAIにできるのか。

数学的、統計的手法などによって合理的な答えを、人間には及びもつかない速度と精度で導き出す近未来のAIは、石田さんとは大きく違った結論を出すだろう。

だから私は、シンギュラリティの時代に組織や社会を動かすトップリーダーには、思いやりの心や本章のテーマである「範を示す」こと、郷土を愛する心も含めて、人間らしい泥臭い部分をもっと大切にしてほしいと思うのだ。

その意味で、石田さんが自ら実践してきたリーダーシップのあり方は、次世代リーダーにとって、よいお手本となるだろう。

「動機の純粋性」に生き、日本を再構築してほしい

本章の最後にぜひ、読者の皆さんにお伝えしておきたいことがある。

2000年を超える歴史をもつ日本が、第二次世界大戦で焦土と化してから78年が経つ。

あのとき、国土は焼け野原になったが、企業がすべてなくなってしまったかというと、そうではない。戦争から戻ってきたわれわれの先輩たちは、焼け野原になった郷土や国を復興させ、また素晴らしい日本をつくろうとポジティブ思考で努力を重ねた。

もちろん根底の部分では人それぞれに考え方も違うし、家族のため、仲間のため、あるいは自らの栄達のためというように、理由づけも意義づけも異なっていただろう。

だが少なくとも、焼け野原になった郷土や国を復興させ、また素晴らしい日本をつくろうという、われわれの先輩たちの動機は非常に純粋だったと思う。

次世代の担い手となる若いリーダーの皆さんには、この「動機の純粋性」によって、戦後日本の繁栄が築き上げられてきたということを、ぜひ心にとどめていただきたい。

今後も私たちは、自然災害や感染症も含め、様々な逆境を経験するだろう。

メディアやネットでも、衰退する日本の姿ばかりが伝えられ続けている。

私たちの子どもや孫の世代に衰退した日本を残すことは、何としても防がなければならないが、何も日本が世界の覇権国を目指す必要はない。受け継ぐべきものを受け継いで、よりよい日本であり続けてほしいと、心から願うだけだ。

日本青年会議所の設立（1951年）に先立ち、青年経済人有志によって設立された東京青年商工会議所（現・東京青年会議所）の設立趣意書（1949年9月3日）は、このような文章から始まっている。


「新日本の再建は我々青年の仕事である。更《あらた》めて述べる迄《まで》もなく今日の日本の実情は極めて苦難に満ちている。この苦難を打開してゆくため採るべき途《みち》は先ず国内経済の充実であり、国際経済との密接なる提携である。

その任務の大半を負っている我々青年はあらゆる機会をとらえて互《たがい》に団結し自らの修養に努めなければならぬと信ずる」

日本のこれからを担う若きトップリーダーには、ぜひこの精神に立ち返っていただきたい。そして、ＪＣがもつこうした志と価値を広く世間に伝え、地域社会をはじめ、国や世界をよりよいものにするために、どんな貢献ができるのかを考え、自ら実行に移していってほしい。

それは、「自分から始まる社会改革」と言ってもいいかもしれない。

今、日本には、困難や逆境のなかでも明るい未来を描き、まずは自分が前に向かって進んでいこうという気概をもった、率先垂範のリーダーシップが必要とされている。

まさにそれを実践し、未来を切り拓き続けているのが、石田さんというリーダーなのだ。

column

02

JCの理念

国際青年会議所（ＪＣＩ）に加盟している青年会議所では、「ＪＣＩクリード」「ＪＣＩミッション」「ＪＣＩビジョン」というものを定めている。それらに加え日本のＪＣでは、ＪＣ宣言、綱領を定めており、さらに三信条を大切にしている。

「ＪＣＩクリード」とは、ＪＣの最も基本的な理念のことだ。世界的な青年会議所運動の基盤となる考え方で、１９５０年に全文が完成し、アメリカＪＣで採択された。

ＪＣＩの定款に定められている条項の１つで、次の６節で構成されている。

ＪＣＩクリード　日本語意訳

我々はかく信じる

（第１節）真理は人生に意義と目的を与え

（第２節）人類の同胞愛は国家による統治を超越し

（第３節）公正な経済は我々の自由な経済活動によってこそ果たされ

（第４節）政府には人治ではなく法治が必要であり

（第５節）人間の個性はこの世の至宝であり
（第６節）人類への奉仕が人生最大の使命である

次に「ＪＣＩミッション」とは、青年会議所の使命を定めたものだ。

ＪＣＩは、青年が社会によりよい変化をもたらす力を身につけ、運動を起こせるようになるために、リーダーシップの開発と成長の機会を提供することを、使命としている。

ＪＣＩミッション 日本語意訳

青年会議所は、
青年が社会により良い変化をもたらすために
リーダーシップの開発と成長の機会を提供する。

「ＪＣＩビジョン」とは、ＪＣＩが目指す姿を示している。

ＪＣＩは、世界が直面している大きな試練を乗り越えるため、変革の前線に立つ若きリーダーに対して最も大きな影響力をもち、国際的ネットワークを先導する組織になることを目指している。

JCIビジョン 日本語意訳

青年会議所が、
若きリーダーの国際的ネットワークを
先導する組織となる。

一方、「三信条」は、1950年に日本青年会議所の前身であるJC懇談会で、JCの行動綱領として定められた。

若者たちが集まってトレーニング（自己啓発や修練）を行う場にJC運動というものがある。そこで培われた力を用いて地域社会にサービス（奉仕）する。そのトレーニングとサービスを支えるのが、すべての会員・同志を貫くフレンドシップ（友情）だと規定されている。

三信条

「（個人の）修練」
「（社会への）奉仕」
「（世界との）友情」

「JC宣言」とは、現在の社会に求められるJC運動の目標を明確に打ち出すという考えのもと、

１９７０年に採択された。後述の「綱領」と共に、日本全国のＪＣメンバーの目指すべき姿や目標を表している。

現在の「ＪＣ宣言」は、時代の変化、あるいは新たな時代の要請を見据えて２０２０年に改定されたものである。

ＪＣ宣言

日本の青年会議所は
希望をもたらす変革の起点として
輝く個性が調和する未来を描き
社会の課題を解決することで
持続可能な地域を創ることを誓う

そして「綱領」は、１９６０年にＪＣメンバーの意思統一を図り、日本青年会議所のあり方を再認識するために、日本独自のものとしてつくられた。

第４節に、「明るい豊かな社会を築き上げよう」というＪＣ運動の目標が示されている。

綱領

われわれＪＡＹＣＥＥ《ジェイシー》（※）は
社会的・国家的・国際的な責任を自覚し
志を同じうする者、相集い、力を合わせ
青年としての英知と勇気と情熱をもって
明るい豊かな社会を築き上げよう

※ＪＡＹＣＥＥ：青年会議所会員

第　3　章

『力を引き出す』

リーダーは、1人ひとりの「よりよくなろう」という意志を呼び起こせ

鎌長製衡株式会社
代表取締役社長
株式会社情報基盤開発
代表取締役

第68代会頭（2019年度）鎌田 長明《たけあき》

鎌田 長明

かまだ たけあき

1980年、香川県生まれ。2003年、東京大学経済学部卒業後、東京大学大学院の経済学研究科で修士課程、工学系研究科で博士課程を修了。04年、オフィスにある機器だけで手書きアンケートの自動入力を可能にする「AltPaper」事業などを手がける、株式会社情報基盤開発（東京都文京区）を創業し代表取締役に就任。13年、産業用はかり、計量システム、リサイクル用処理機器などの製造販売を行う鎌長製衡《せいこう》株式会社（香川県高松市）で、創業家の第6代目代表取締役社長に就任し、現在に至る。同社は1880年創業で143年の歴史をもつ。2012年、高松青年会議所（高松JC）に入会。16年に高松JC理事長を務めたあと、17年には国際青年会議所（JCI）のアジア太平洋開発協議会（APDC）議長、18年に日本青年会議所副会頭と、役職を歴任した。19年、JC入会8年目にして会頭に就任し、「日本一のSDGs推進団体になる」ことを目標に掲げ、SDGsの普及・啓蒙などに尽力した。

リーダーは、1人ひとりの「よりよくなろう」という意志を呼び起こせ

自分自身の選択が、自らの可能性を広げる

「青年は本来可能性に満ちたものですが、
あなたを可能性に満ちたものにするかどうかはあなたの選択です」

私は、日本青年会議所の会頭を務めた2019年および2020年、ソーシャルメディアプラットフォームの「note」に、「JC論」と題した連載記事を投稿していました。冒頭の一文は、その最終回である166回目の記事に記したものです。

40歳になるまでのあいだ、年齢に関係なく様々な分野で活躍している優秀な人をたくさん見てきました。そのなかで実感したのは、活躍できるかどうかは、その人の置かれている環境と自らの選択に大きく左右されるということです。

なかでも多くの大人は、自分の意志で環境を選択したはずです。ですから結局、自分自身を可能

性に満ちたものにできるかどうかは、自らの選択で決まると思うのです。

また私は、日本青年会議所会頭の任期を終えるにあたり、会頭総括スピーチで、

「最後に私が申し上げたいこと、それは変化を起こすことは、とても楽しい、面白いということです。

本当は何も変わらないほうが皆ラクなのかもしれません。心地がいいのかもしれません。しかし、心地のいい場所から飛び出さなければ、何もよくすることはできません。必要なのはよりよくなろうという強い意志です」


と述べました。

私は、仕組みをしっかり整え、組織が回るようにすることが経営者の務めだと考えています。何が起きてもしっかり回る仕組みをもった組織は、理想的だと思います。でも実際には、いくら仕組みを工夫したとしても、メンバー1人ひとりに意志がなければ組織は動きません。「必要なのはどんな意志だろう」と考えるなかで、それは「よりよくなろう」という意志ではないかと思うようになりました。

それに気づかせてくれたのが、世界のＪＣの総合組織である国際青年会議所が掲げる「Be better（よりよくあれ）」という長期スローガンです。ＪＣという組織をひとことで表すと、まさに「Be better」ということになります。

組織のなかでは、時と共に人も仕組みも変わっていきますが、最終的にこれだけはなくしたら困るというものが、「よりよくなろう」という個々人の意志だと思います。

組織にどんなによい仕組みがあって、どんなによい人材が集まったとしても、1人ひとりに「よりよくなりたい」という意志がなければ、何も変化は起こりません。ですから私は、「よりよくなろう」という意志を共通でもつことが大切だと話しています。

組織のメンバーが、その意志をもてるように導いていくことが、リーダーの大きな役割だと言えるのかもしれません。

チャレンジする環境をつくることが、なぜ難しいのか

「よりよくなりたい」という意志は、他人から与えられるものではありません。そして「よりよくなる」という結果は、自らつかみに行かなければ得られないものです。

しかも他人から、「自分でつかみに行きなさい」と言われても、本人は本心から動こうとはしないでしょう。だとすれば組織として重要なのは、メンバーが「よりよくなる」チャレンジを、自らつかみに行ける環境があるかどうかです。

私はよく会社で、「3階から落ちるようなチャレンジは駄目だけど、2階から落ちるようなチャ

レンジはやっていい」と話します。

人間は、3階から落ちると約6割が亡くなるそうです。一方、2階から落ちても打ちどころが悪くなければ亡くなる可能性はそれほど高くない。つまり、致命的なリスクは避けるべきだけど、致命的でないチャレンジはしてもいいということです。にもかかわらず日本は、チャレンジに対して「2階から落ちる」程度で済ませられる仕組みがなく、チャレンジしにくい環境だと思います。

リーダーに求められる役割の1つは、いきなり「3階から落ちる」のではなく、ある程度コントロールされたリスクのなかで、メンバーが挑戦できるような環境をつくることではないでしょうか。「チャレンジしなさい」と言っておきながら、必要以上のリスクを取らせるならば、チャレンジする人は減ってしまうでしょう。

そのような社会で、「居心地のいい場所」にいる人に、自らチャレンジし、よりよくなることの大切さを理解してもらうのは、非常に難しいものです。

とくに人は、30歳ぐらいになると個が確立するので、自分にとってそれなりに「居心地のいい場所」を築き上げています。実はその先に学びの場があり、成長の場があるのですが、わざわざ「居心地のいい場所」から飛び出し、もっと学ぼう成長しようとする人はあまりいません。

これが、チャレンジすることのハードルの1つになっています。最近、国が支援に乗り出しているリスキリング（新たなスキルを身につけること、学び直し）や、JCの会員拡大にも、同様のことが言えます。

今、「居心地のいい場所」にいる人たちにとって、そこから一歩踏み出し、新たな学びや成長の機会を得るというのは、世界が広がるということです。しかし一方でそれは、考え方や価値観が異なる人から批判を受ける可能性のある場所、つまり「怖い場所」に足を踏み入れることでもあります。

それをよく理解せずに、「居心地のいい場所」にいる人たちを新しいステージに引っ張り出そうとしても、うまくいくはずがありません。リスキリングにしてもそうです。たしかにすでにそれを実践し、成功している意識の高い人も少なくはないでしょう。しかし、そういった人たちの例を挙げ、「あなたも同じようにすればいい」「こうすべきだ」と伝えたとしても、「居心地のいい場所」にいる人たちからは反発を食らうだけです。

「背中を押す」リーダーシップをどう実践するか

では、メンバーがチャレンジし、自ら「よりよくなる」ことができる環境をつくるにはどうしたらよいのか。

メンバーを無理矢理にでも引っ張って「怖い場所」に連れて行く、というリーダーシップが通用した時代もありました。そしてそれが今も存在しているのは厳然たる事実です。しかし今は、そういうリーダーシップがどんどん通用しなくなってきている時代です。

もしかしたら、ＪＣの会員拡大が年々難しくなっている理由の１つも、そこにあるのかもしれません。今、自分にとって「居心地のいい場所」にいる人たちに、その先に広がる学びや成長の場に向けて、「一歩を踏み出そう」という気持ちをもってもらうには、相手の気持ちに寄り添い、背中を押してあげることが大切です。これはJCだけでなく、企業のリーダーについても同じことが言えるでしょう。

では、どのように相手の背中を押してあげたらいいのか。

答えは、「その人が求めるもの」の方向に押してあげることです。その人が求めるもの、つまりその人の動機にフォーカスした会話をすることが大事なのです。

相手の動機、それは大抵の場合その人の夢、あるいは情熱をもっていること、使命感を抱いていることのうちのどれかです。

夢とは、お金持ちになりたい、認められたい、自己実現したいなど、「こうなりたい」という個人の願望です。それほど多くはないにしても、「他己実現」、つまり誰かにこうなってほしいという強い思いをもっている人もいます。

ここでいう情熱とは、とくに若い人に多いのですが、「自分はこうなりたい」という明確なイメージがない代わりに、「今の自分は嫌だ」という自分自身への怒りや、「他人に負けたくない」という競争心が挙げられます。

「それはおかしいのではないか」「それは嫌いだ」といった他者あるいは社会に対して感じる怒りに似た感情も、一歩を踏み出す動機たり得るものの1つです。また、アーティストなどに多いのですが、何かをやっていて気持ちがいいといった持続的な感動も、その人を動かす動機になります。

使命感については、「世の中をよくしたい」という社会的な使命感だけでなく、「代々続いてきた会社を成長・発展させたい」「社員や家族を幸せにしたい」といった個人的な使命感をもっている方も多くいます。

夢と使命感との違いは何か。夢は、動機やきっかけが自分のなかにあります。その一方で、使命感は動機やきっかけが外から与えられます。

最近の若者論ではよく、「今の若い人たちはやりたいことがない」と言われますが、全国のＪＣを回り、１５０回以上の講演をし、ワークショップなどを通じて多くの現役ＪＣ会員の皆さんと話してきたなかで感じたのは、「動機になるようなものが何もない」という人はむしろ少ないということです。

それをうまく引き出すことが、ＪＣのリーダーの大事な役割ですし、企業の経営者にも同じことが言えるはずです。

このように私は、組織のメンバー１人ひとりがどんな動機をもっているのかに興味をもち、話を聞くことが、チャレンジしやすい環境をつくるための第一歩だと考え、実践してきました。

足下を見て個人の動機を「すり合わせる」のが、リーダーの役目

私は経営者として、社員の力を引き出すための仕組みづくりをはじめ、様々なことがらにチャレンジしていますが、リーダーにとって一番大切なのは「足下を見る」という姿勢だと思っています。人は誰しも「上」や「外」に目が行きがちですが、「足下を見よう」といつも社内で話しています。

足下を見るための仕組みづくりにも取り組んでいます。部署ごとに違いはありますが、たとえばワン・オン・ワンで話し合いをする場を設けたり、集団でミーティングをする機会をつくったり。「足下を見る」ことで各部署のリーダーに、自分たちの知らないことがたくさんあるんだと気づいてもらうことが大切なのです。

では、リーダーは何を見たらいいのか。それは社員1人ひとりの関心です。先に述べた、「よりよくなろう」という意志にもつながりますが、本人が何に関心をもっているのかを把握するのです。まずは仕事に対しての関心です。仕事に関心があるのか、ないのか。仕事に関心がある人ほど内発的動機付けが効果的です。一方、関心が薄い人にもきちんと仕事をしてもらわなければならないので、彼らに対しては外発的動機付けも含めた対応を考えなければいけません。これらは、すべての職位や階層に共通します。

営業部門や製造部門など、部署によってアプローチ方法はいくらか異なりますが、共通する要素でくると、今、社員1人ひとりが現場で担当している仕事に興味・関心をもっているかどうかが

見えてきます。

担当している仕事に興味・関心があるようなら、次は個々の業務の内容について、どんな問題意識をもち、何を改善しようとしているのかを聞いていきます。

結局のところ、会社や各部署が定めている目的と、各部署で働く社員1人ひとりに与えられている役割に定められた目的、そして社員自身がもっている目的をいかにエンゲージさせるか、つまりすり合わせていくかが、「力を引き出す」ことだと思うのです。

そしてそれこそが日本企業の特色であるとも思います。

当社が手がけているものづくりの世界では、グローバル経済の進展と共に、既存の部品をどう組み合わせて製品をつくり上げるかという、「モジュラー型」のものづくりが広がりました。ところが日本の製造業は、最適設計された部品を微細な点まで調整し、「すり合わせ」をしながら組み上げていく、「インテグラル型（すり合わせ型）」のものづくりが得意です。そして、企業の組織もまさに「インテグラル型」の構造になっています。

最近は、会社の様々な職務内容を明確に定め、それぞれの職務を遂行できる人材を配置するジョブ型組織を導入する企業が増えています。

しかし、青木社長がよくおっしゃっている、「社員1人ひとりの願望を組織としてのパーパスにまとめ上げる」という言葉同様、日本企業はもともとインテグレート（統合、すり合わせ）することが得意です。単に会社側だけがすり合わせるのではなく、社員側もすり合わせを行うからこそ、その「すり合わせの連続体」として終身雇用が存在し得たのだと思います。
私はそのすり合わせにこそ、日本企業の強みがあると考えています。

JCは内発的動機付けでしか動かせない組織

本章のテーマである「力を引き出す」という話題に戻ると、会員が無報酬かつ手弁当で活動や運動を行っているJCは、内発的動機付けでしか動かせない組織です。企業とは異なり、報酬や賞罰などによる外発的動機付けが使えないなか、どうやって人を動かすのか。

このとき、誰にでもできて確実に効果を上げられる方法が、「自分について語る」ということです。つまり、自分の弱みをさらけ出すのです。

JCでいえば、リーダーが自分の弱みをさらけ出すと、相手は「自分にもリーダーの話を聞くことができるんだ」と自己有用性を感じ、「秘密を打ち明けてもらった」ことで親密な関係性が生まれます。その結果、「この人を手伝ってあげよう」という自律性も生まれるのです。それが相手にとっての内発的動機付けにつながります。

この有用性→関係性→自律性というプロセスをおさえることが、内発的動機付けの基本です。

私は2012年に高松青年会議所に入会し、2019年に日本青年会議所の会頭に選出されました。入会から足かけ8年という短期間で会頭に就任したので、よくわからないうちに職位が上がっていったという感覚です。

そのため、やることなすことがことごとくわからず、何もできないという状況に陥りました。とはいえそのままでは困るので、「これがよくわからないので教えてください」と、関係者に頭を下げて回るようにしました。

そうしたら、皆が私のことを助けてくれたのです。

この経験で、リーダーにとって自分の弱みをさらけ出すことがいかに大切かということに気づきました。

ＪＣには細かいルールがたくさんあり、１人ではとても覚えきれません。またＪＣには、様々な分野で得意技術をもつ有能な人材が多く集まっています。ということは、一見、打算的に映るかもしれませんが、私自らが「これをしなければならない」「あれをしなければいけない」と頑張るよりも、人の力を引き出して取り組んだほうが効率的なのです。

それを痛感したのが、高松ＪＣに入会して３年目。渉外委員会の委員長を経験したときです。ＪＣの委員長はとても大変な仕事です。会社でいえば部下にあたるフォロワーは、ＪＣの理念に共感し自ら無報酬かつ手弁当で活動や運動に参加してくれている会員たちです。

つまり理念に共感し、無報酬で費用も自腹で出しながら活動や運動に参加してくれている、ある意味「お客様」のような人たちに動いてもらい、与えられた仕事を一緒にやり遂げるのが、委員長という役職なのです。

渉外委員長とは、JCが実施する各種大会などへのメンバーの参加意欲を高め、大会に参加するLOMのメンバーを円滑にアテンドする渉外業務のリーダーです。

大会への参加意欲を高める、現地へのアテンドを行うといっても、そもそもその大会自体が何をするための場なのかもわからずに、自分が訪れたこともない場所へ行くわけです。いったい何をしたらいいのかがわからず、とにかく先輩たちに頭を下げて聞いて回り、一から教えていただくという状態でした。

たとえば日本JCの本会である日本青年会議所では、毎年1月に「京都会議」を開催しています。京都会議は、全国684カ所（2022年1月1日現在）あるLOMから延べ2万1000人のJC会員が京都に集まって会頭所信を聞き、セミナーや会議に参加し意識を高める、JC最大のイベントです。

渉外委員会では、高松JCから京都会議に参加するメンバーのアテンドや各種調整を行うことになりますが、いったい何をしたらいいのかわからないので、前任者や関係者に話を聞いたり現地調査を行ったりしたうえで、綿密な計画を立て、それをフォロワーと共有しました。

ところが運の悪いことに、私は京都会議の開催当日にインフルエンザにかかり、現地に行けなくなってしまったのです。

副委員長たちに電話をかけて謝り、業務を代行してもらいました。当時はコロナ禍以前で、リモート会議もまだ普及していません。心配になって副委員長たちに電話をかけると、返ってきたのは「心配しないで休んでください」という言葉でした。

「委員長が、きちんと準備をしてくれていたことはわかっています。だから、あとは現地でしっかり対応するのが私たちの仕事です。大丈夫です。なんとかします」と言ってくれたのです。

そこで感じたのは、皆は黙っていても見てくれているんだということです。

フォロワーは、リーダーが普段何をしているのかを本当によく見ています。ですから、どんなに取り繕っても隠し切れるものではない。自分は何も取り繕わないやり方でやっていこう。そう思って仕事をしているうちに、気がついたら会頭になっていたというのが、本当のところです。

もちろんフォロワーは、リーダーが自分に仕事を依頼するときの言動や態度をよく見ています。でももっと大切なのは、むしろその前段階、つまり仕事を依頼される前から、リーダーがどう行動し何をしてきたのかをよく見ているということ。

ＪＣの会員は、経営者もしくは経営層に分類される人が多いので、普段からそういうクセがついているのかもしれませんが、ＪＣ以外においても、組織のリーダーはメンバーが自分の普段の言動や立ち居振る舞いを、しっかり見ているということを意識しておくべきです。

若者の力で、社会にインパクトを与えたい

話が前後しますが、私は２０１６年度に高松ＪＣの理事長を務めたあと、２０１７年度にはＪＣ

Iのアジア太平洋開発協議会（APDC）議長、2018年度は日本青年会議所副会頭、と役職を歴任させていただきました。

それらの役職を務めているうちに、もし会頭をやらせていただけるなら、全国のJCを巻き込んで、社会に大きなインパクトを与えることをしたいと思うようになりました。

そして行ったのがSDGs（持続可能な開発目標）の推進です。

2019年1月、日本青年会議所第159回総会で私は、日本の青年会議所が日本一のSDGs推進団体になることをスローガンとし、全てのLOMでSDGsを推進するために「SDGs推進宣言」を提案。それが全会一致で採択されました。このような宣言が総会でなされたのは実に29年ぶりのことでした。

JCは、未来を担う子どもたちの育成、スポーツ振興、ボランティア、地域の特性を活かしたまちづくり、国際交流といった、社会に役立つ活動を数多く手がけています。

そのためJCが何をしている団体かということを、ひと言で表すのは非常に難しいものです。実際、LOMによっても行っていることは異なり、手がけていることも年度によって違います。そのため、日本のJCが全体としてもっているパワーがどれだけあるのか、誰も知りません。

そんななか私は、基準や切り口を1つ設け、日本のJCのパワーを1つに結集してみたら面白いのではないかと思うようになりました。

ちょうどその頃、SDGsについて勉強を進めていたのもあり、JCが手がけている活動のほとんどがＳＤＧｓの17の目標と重なっていることを知り、「ＪＣの活動をＳＤＧｓでひとくくりにしたら、とてつもなく大きなパワーが出るのではないか」と考えました。

「ＳＤＧｓ推進宣言」はそのような発想から始まったのです。

日本青年会議所は２０１９年１月、政府のＳＤＧｓ関連政策を主導する外務省とタイアップ宣言を行い、中小企業３０００社以上がＳＤＧｓの達成に向けた活動を始めることを目標に掲げ、普及・啓蒙活動を展開しました。

その結果、２０１９年度に２１００件のプロジェクトを実施し、30億円以上の予算を獲得。２００万人以上を対象にＳＤＧｓの推進を行うという成果を上げ、外務省が主催する第３回「ジャパンＳＤＧｓアワード」で「ＳＤＧｓパートナーシップ賞（特別賞）」を受賞しました。

つまりこれは、47都道府県すべてに散らばる各地のＪＣが取り組んだ事業をすべて集めると、年間総予算が30億円、動員数が２００万人という規模になり、それだけ大きなパワーを発揮できるということです。ＪＣ全体として、社会にこれだけのインパクトを与えられると示せたのは、とても有意義なことでした。

毎年毎年、その年度の活動を特徴づける際立ったテーマが見つかるとは限りませんが、全国のＪＣがまとまって１つのことにあたれば、大きな力になるのだということを、伝えたかったのです。

日本の未来を拓くのは若者の感性

「力を引き出す」という本章のテーマにも関連しますが、私は日本青年会議所の会頭就任にあたり、会頭所信に「若者の感性ですごいと認められる傑出した若い人材を発掘し、青年会議所のネットワークに乗せて、活躍の場を作る」と記しました。

そもそも日本は、若者の数がピークに比べて半減している国です。昔は日本も若者大国でしたが、今は若者小国で、若者がマイノリティーになっています。

ところが世界を見渡すと、実は若者はマジョリティーです。

日本の今後の繁栄を考えたとき、若者たちが海外に出て、すでに多くの若者が活躍している世界を舞台に大いに力を発揮する必要があります。

ところが残念なことに今の日本では、若き天才や異能を素直に「すごい」と認めることが十分にできていません。そのため、世界の主流である「若者に選ばれる若者」がなかなか活躍の機会を得られないでいます。

若者が若者を選ぶような社会にしていかなければ、世界で勝てる競争力を取り戻すのは難しいのではと思います。

私も40歳を過ぎ、自分自身が若者を選ぶことが難しくなり始めているのを感じます。そこで最近は、新卒採用を若手に任せ、若者の目で人材を選んでもらうという仕組みに変えました。

その点、JCは満20～40歳の若者だけで運営されている団体です。そこでJCは青年経済人として、若者の感性で「すごい」と認められる傑出した若き人材を発掘し、活躍の場をつくるという目的で2019年度に新規事業を立ち上げました。それが、「異能ベーター発掘プロジェクト」です。「異能ベーター」とは、突出した能力で社会にイノベーションを起こすことができる人材。将来「異能ベーター」になり得る子どもたちを発掘し、可能性を広げ、羽ばたくきっかけをつくりたいという思いのもとに実施されたのがこのプロジェクトです。

12～18歳の「異能（人より優れた能力、一風変わった独特な能力）」をもつ男女を対象に募集を行い、最終選考に残った3名を「異能ベーター」に認定。

3名の「異能ベーター」は、日本青年会議所が実施している「少年少女国連大使プログラム」に参加し、スイスの欧州国連本部やSDGs達成世界一のスウェーデンを訪れ、研修を受けました。彼らのなかには海外の大学で勉強している人もいて、今もさらなる成長を続けています。

今、この瞬間にしかできないことに全力を傾けてほしい

私は、日本青年会議所の会頭の任期を終えるにあたり、会頭総括スピーチでこう述べました。

「私が20代を終えたとき、いつも考えていたことは、

もうこの国には希望はないのではないか、ということでした。

しかし、今日私は、ここで皆さんに感謝と共に申し上げたい。

この国には、希望があると」

「この過程を経て、私が1年間で学んだことは、
私たちはよりよく変われる、
JCはよりよく変われる、
地域は、日本は、世界にインパクトを与えることができるということです」

日本はまだまだ可能性に満ちています。

2019年に日本青年会議所の会頭として、講演で全国を回り、1年間で3000人と直接対話を重ねてきました。

そのなかで実感したのが、日本には衰退している地域が多い一方で、改革がうまくいき始めている地域もたくさんあるということです。変わればよくなる可能性は十分にあるのです。

たしかに現役世代が、公的年金制度や医療、介護を含め、高齢者の暮らしを支えることがますます困難になっていくという問題はあります。

でも見方を変えれば、昔は子どもを育てるのが大変だったのですから、それが逆転しただけにす

ぎないと考えることもできます。

ですからどのように変わり、よりよくなっていくのかを追求していけばいいのです。

最後に、私が若い世代に伝えたいのは、今にこだわってほしいということです。

「これは別に今やらなくてもいいのではないか」「ほかの世代でやればいいのではないか」ということは、やらなくてもいい。今しかできないことをやることが、若者の価値だと思います。

もちろん「国家百年の計」も素晴らしいことですが、若者たちには今この一瞬にしかできないことを、ぜひやっていただきたい。

今この一瞬に何をしたらいいのか。それは、その時代に生きている若者にしかわかりません。多くの人が、それぞれの見方や価値観のもとで、様々な意見を述べています。そのなかに「よいこと」はたくさんあるはずです。しかし、そこから何か1つを選び取るのはあくまでも「自分自身」です。

今この瞬間、この時代に生きている若い世代の感覚で、自分がやるべきだと信じられることを選択してほしい。それが私の願いです。

個人の願望を理解し、内側からモチベートせよ（青木 仁志）

成長は与えられるものではなく、自らつかみ取るものだ

私と鎌田さんとの対話は、「よりよくなろう」という強い意志が自分の可能性を広げる、という話から始まった。

「よりよくなろう」という意志は、人から与えられるものではない。だから鎌田さんは、組織のリーダーは、メンバーがチャレンジし、それを自らつかみに行ける環境をつくることが大切だと言う。まったく同感だ。

私は、超党派の国会議員と民間有識者からなる教育立国推進協議会という団体で会長代行を務め、教育改革のための政策提言に向けた活動を行っている。今年度私がリーダーを務める分科会では、「教育におけるウェルビーイング（well-being）」というテーマを深く掘り下げ、教育とは「よりよく生きるための技術」だと再定義した。

人には、よりよく生きていきたいという願望があり、そのための具体的な技術を体得する必要が

ある。だから教育とは、「よりよく生きるための技術」でなければならない、というのが私たちの分科会が出した結論だ。

鎌田さんの持論である「よりよくなろう」という強い意志、および「Be better（よりよくあれ）」という国際青年会議所のスローガンは、「よりよく生きる」という私たちの考え方に相通じるものがある。

今振り返れば、私はけっして恵まれた生い立ちではなかったが、社会に出て多くを学び、よりよく生きていこうという志を立て、自らのパーパス（目的）に向かって自己改革を続けてきた。

それらを通して今思うのは、人はいつからでも、どこからでもよくなれるということだ。

成長とは、挑戦と挫折を乗り越えた結果、得られる果実のようなもの。挑戦し、挫折を味わい、それを乗り越えた体験が成長となり、その先に自分が本来求めている成功や、成し遂げたい目的が開けているのである。

ところが、挑戦はつねに失敗のリスクをともなっており、失敗に対する恐れが挑戦に対する抑制力になる。だからリーダーにとって、組織のメンバーや自分のあとに続く人材が、チャレンジすることをためらわない環境をどう整備するかが非常に重要だ。ある意味、組織のなかでどれだけ人材が育つかは、メンバー1人ひとりがどれだけチャレンジをするかによって決まる。

そもそもメンバーが、まだやってもいないことに対して、「できない」という結論を出すのは、失敗に対する恐れが引き金になっている可能性がある。恐れがあるから、「やっても無理だ」と二の足を踏むのだろう。

だから、リーダーはしっかりした「床」をつくる必要がある。私は組織の暗黙知となる前提や文化を「床」に例えることがある。

それは、あなたが今使っている机や椅子が置かれている床のように、組織のメンバーが「できる」ことを前提にして、一歩踏み出しチャレンジできる土台だ。

「できない」という思い込みをもって、のっているような「床」では駄目なのだ。

だから私は、組織を動かすには価値観が非常に重要で、組織のなかに「できる」という前提をつくれるかどうかが、よいリーダーの条件だと考える。

その「床」をつくるために、リーダーがまず考えなければならないのは、仕組みである。鎌田さんは対話のなかで、外発的動機付けについて触れていたが、それは、メンバーがチャレンジし自らつかみに行ける環境を整えるための仕組み、あるいはメンバーの力を引き出すための外的要因のことを指しているのだろう。

報酬や昇給、評価もそうだ。当社では、上司が部下と定期的に面談し、本人が設定した目標と現状をフィードバックしながら、どうすれば自分の求めているものが手に入るのかを一緒に考える仕組みを設けている。そうやって上司が部下に対して全面的に関わりながら、目標達成をサポートする職場環境をつくっているのだ。

また、毎年9月の本決算後には、「税引後利益の約3割を社員に分配し、全社員の物心両面の豊かな人生を支援」するために決算賞与を配分してきた。

アチーブメントはノルマがない会社である。社員は200人程度で会社規模もまだそれほど大きくはないが、それでも年々右肩上がりの成長を続け、コンサルティング会社として売上高50億円、経常利益15億4000万円という業績を上げるまでになった。

私は今から36年前に起業し、社員5名、資本金500万円で事業をスタートして以来、経営者としてどのような経営をしたいのか、どのような会社が理想かというイメージを思い描いてきた。そのイメージを社員と共有しながら、それを実現するために日々歩んでいる。

会社として社員に一切ノルマは課さないが、1人ひとりが自ら責任をもって考え行動し、目標を達成する企業文化をつくる。そのために人事考課制度をはじめ、様々な仕組みを整えていった。

概念だけでは人は動かない。具体的な仕組みがまず必要だ。

ところが、それだけでは問題は解決しない。

鎌田さんも、

「何が起きても、しっかり回る仕組みをもった組織は、理想的だと思います。でも実際には、いくら仕組みを工夫したとしても、メンバー1人ひとりに意志がなければ組織は動きません。『必要なのはどんな意志だろう』と考えるなかで、それは『よりよくなろう』という意志ではないかと思うようになりました」

るのかを理解しなければならない。

と語っている。

リーダーは、組織のメンバー1人ひとりの「よりよくなろう」という意志が、どうやって生まれるのかを理解しなければならない。

リーダーはメンバーの上質世界（願望）を理解せよ

「よりよくなろう」という意志は、内側（願望）から生じる。

人は自分の願望にしたがって生きている。つまり、人は内側からモチベートされて生きるのだ。

問題は、本人が何を自身の願望とし、その願望がどこに向かっているかということだ。

ある人が何を自分の願望としているか、もちろんそこには人間が先天的にもっている遺伝子的な要素も影響しているが、それ以上に大きいのは本人が育った環境だ。成長過程において、様々な情報を脳に入れていくなかで、人の願望は形成されていく。

前述したアメリカの精神科医ウイリアム・グラッサー博士が提唱した選択理論心理学（以下、選択理論）によれば、人の幸せとは「5つの基本的欲求（生存の欲求、愛・所属の欲求、力の欲求、自由の欲求、楽しみの欲求）」が満たされた状態であり、私たちの脳内には、「上質世界」と呼ばれる記憶の世界がある。

本書では詳細まで立ち入らないが、上質世界には「5つの基本的欲求」のうち1つ以上を満たす

［ 5つの基本的欲求と上質世界 ］

5つの基本的欲求

上質世界 (Quality World)

自分の基本的欲求を満たすと思われる、人、物、状況、理想、価値観、信条などが入っている記憶の世界

「イメージ写真」がたくさん貼られている。

上質世界は人によって異なり、その「イメージ写真」には、

- **共にいたいと思う人**
- **最も所有したい、経験したいと思うもの**
- **（自分の）行動の多くを支配している考え、信条**

という要素が含まれている。

人はその「イメージ写真」を手に入れることで、基本的欲求を満たそうとし、それを現実の世界に求めて行動する。求めているものが得られれば、人は快適感情を得るが、得られなければ苦痛を感じ、快感を求めて行動し続ける。

こうした上質世界と現実とのギャップが、

人を動かす原動力になっているのだ。

この上質世界は、私たち1人ひとりがもっている願望だと言っていい。

上質世界に貼られている「イメージ写真」は、つねに貼り替えられていく。たとえば、共にいたいと思って結婚した夫婦は、最初はお互いを上質世界のなかに入れている。ところが、相手が怒りや強制などによって自分のしたくないことをさせようとしてきたら（外的コントロール）、その相手を上質世界から取り除いてしまう。

人は、上質世界にあるものには強い関心を示すが、上質世界にあまり関係のないものに対しては、関心を払わない。したがって、自分の上質世界から取り除かれた人と、心を通わせることは難しい。これは、会社の上司と部下との関係でもよくあることだ。

一方、人は自分の願望のなかに入っているものに対しては、強い関心を示す。願望は強く、意志は弱い。だから、意志だけではなかなか変えられない思考や行動も、自分が本気で「これを手に入れたい」「こうなりたい」と心から願うことができれば、願望の力を使ってコントロールすることが可能になる。

相手との意見の相違も、お互いの上質世界がもともと異なっているために生じている。どちらが正しく、どちらが間違っているのかを議論する以前に、相手の上質世界を理解するように努めるだけで、人間関係は大きく改善する。

鎌田さんは、相手の「動機にフォーカスする」、あるいは「動機を引き出す」と話していたが、それは選択理論でいえば、相手の上質世界を理解することだと考えて差し支えないだろう。

大切なのは、仕事で成果を出している人の多くは、仕事が上質世界に入っているということだ。選択理論によれば、それは自分が今行っている仕事を通じて、「5つの基本的欲求」のうちの1つ以上を強く満たしている状態を指す。

たとえば、職場の人間関係や会社とのつながりを通じて「愛・所属の欲求」を満たしている人もいるだろうし、仕事の充実感を通じて「力の欲求」を満たす人もいる。仕事を通じた自己実現や学び、成長を実感することで「楽しみの欲求」を満たしている人もいる。

自分が提供した商品やサービスに対して、お客様から高い評価を受け、心からの感謝の言葉をいただくという、仕事が自分の上質世界に入るような体験をした人もいるだろう。

このように、仕事を通じて自分の基本的欲求が満たされる部分に目を向けることが大切で、リーダーには、仕事がメンバーの上質世界に入るためのサポートを行うことを心がけてほしい。

「求める心」をつくり、内側から動機付ける

英語に「馬を水辺まで連れていっても水を飲ませることはできない（You can take a horse to water but you can't make him drink）」ということわざがある。つまり、相手に何かをする機会を提供することはできるが、それをするように強いることはできないということだ。

せっかくチャレンジできる環境があっても、本人に「求める心」がなければ、チャレンジの先にある成功も成長もあり得ない。当たり前のことだが、成功は与えられるものではない。だからリーダーは、メンバー1人ひとりがチャレンジし自らつかみに行こうとする「求める心」をつくるサポートをする必要がある。

ここで組織や人を動かすリーダーが着目すべきは、先に述べたように、意志よりもはるかに強い願望の力だ。

職場なら、メンバーの仕事に対する熱意の不足やルーズさの原因は、本人が自分の願望を明確にしていないことにある。エネルギー不足になるのは願望が曖昧《あいまい》だからだ。

チャレンジし自らつかみに行くことを恐れてしまうのも、願望から生じるエネルギーの不足に原因がある。

だから1人ひとりが、自分は本気で「これを手に入れたい」「こうなりたい」と思うことをできるようにするために、願望を明確化しなければならない。「求める心」とは、自分が本気で「これを手に入れたい」「こうなりたい」と思うことである。

自分の願望を明確化するための具体的な方法は、「セルフカウンセリング」だ。

セルフカウンセリングとは、

1. 私は何を求めているのか?

私にとって一番大切なものは何か？
私が本当に求めているものは？
2．そのために「今」何をしているのか？
3．その行動は私の求めているものを手に入れるのに効果的か？
4．もっとよい方法を考え出し、実行してみよう

ということを、毎日考え続けることだ。

メンバーがセルフカウンセリングを行えるようサポートすることで、リーダーはメンバー1人ひとりの「動機を引き出す」ことができるようになる。

動機付けには様々な理論があるが、私は基本的に選択理論に基づき、人間は自分の願望を満たす、言い換えれば、思考を現実化させるために生きている存在だと考えている。

曖昧な思考からは曖昧な結果しか生まれない。にもかかわらず、多くの人は曖昧な願望しかもたずに思考が分散し、結果を出せないまま時間を過ごしている。

だが、自分の生きる意味や意義、人生の目的といったものに気づくことによって、人はもてる力を最大限に発揮し、見違えるような働きをするようになる。

企業にしろＪＣにしろ、自分たちが行う仕事や活動の意味付けや意義付けをしっかり行う。そしてリーダーがメンバー1人ひとりの上質世界を理解し、動機を引き出す。そうやって頑張る理由を明確にすることで、メンバーは主体的に仕事や活動に取り組むようになる。

リーダーは、組織のメンバーが自ら求めるものを手に入れ、願望を成就できるように、サポートしていく役割を負っている。私はこれまでの経験から、それがメンバーの力を引き出す環境要因としても、組織のトップにある人間としても、非常に大切なことだと考えている。

個人の願望を、組織のパーパスにまとめ上げる

鎌田さんは、社員1人ひとりの動機を引き出したあと、さらに個人の動機を「すり合わせる」ことが大切だと話していた。

鎌田さんは「すり合わせ」という表現をしているが、私なりの言い方をすれば、それは、全社員が理念を共有しながら共通の目的に向かい、お互いの違いを認め合いながら、サポートし合い、目標達成を通じて組織としての目的を遂げていくことになる。

第1章で私は、アチーブメントピラミッドについて述べた。アチーブメントピラミッドとは、人生理念や人生ビジョンを確立し、目標の設定から計画化、日々の実践まで、一貫性のある生き方を実行するためのフレームワークである。

個人のアチーブメントピラミッドと同様に、企業にもアチーブメントピラミッドがある。鎌田さんの言う「すり合わせ」とは、個人のアチーブメントピラミッドと企業のアチーブメントピラミッ

ドを統合し、高業績と良好な人間関係を両立する組織、クオリティカンパニーをつくり上げていくことと共通する部分が多い。

これはJCの活動についても同じことが言える。JCが手がける子どもたちの育成や地域特性を活かしたまちづくり、各種ボランティアなどの事業は非常に社会貢献性が高い。ある意味、利他的な活動を手がけているわけだから、1人ひとりがそれぞれの思いのもとに、ばらばらに動いていては組織としての大きな力を発揮できない。

願望とは人それぞれ、生きている人の数だけある。だから人は、各々がもつ願望にしたがい、自分の成し遂げたいことに向かって進んでいくものだ。そのため、個々の願望を、組織としてのパーパスにまとめ上げていくというリーダーの役割は非常に重要だ。

JCにおいても、組織のリーダーがメンバー1人ひとりの願望を、共通の目的のもとにどう統合していくかは、非常に重要な課題だ。

リーダーは、自分たちは何のために、誰のために、なぜこれをやることが大切なのかという意味付けや意義付けができ、それを組織のメンバーに伝え切ることができる能力の持ち主でなければならない。

かといって、自分たちの仕事や活動の意味付け・意義付けをして、それを伝えるだけでは、リーダーの仕事は終わらない。企業はもちろん、あらゆる組織は、そこに所属するメンバーたちの自己実現の場だ。だからリーダーはメンバーの主体性を重んじ、内発的動機付けに基づいて、1人ひと

［ 組織の発展と自己実現の両立 ］

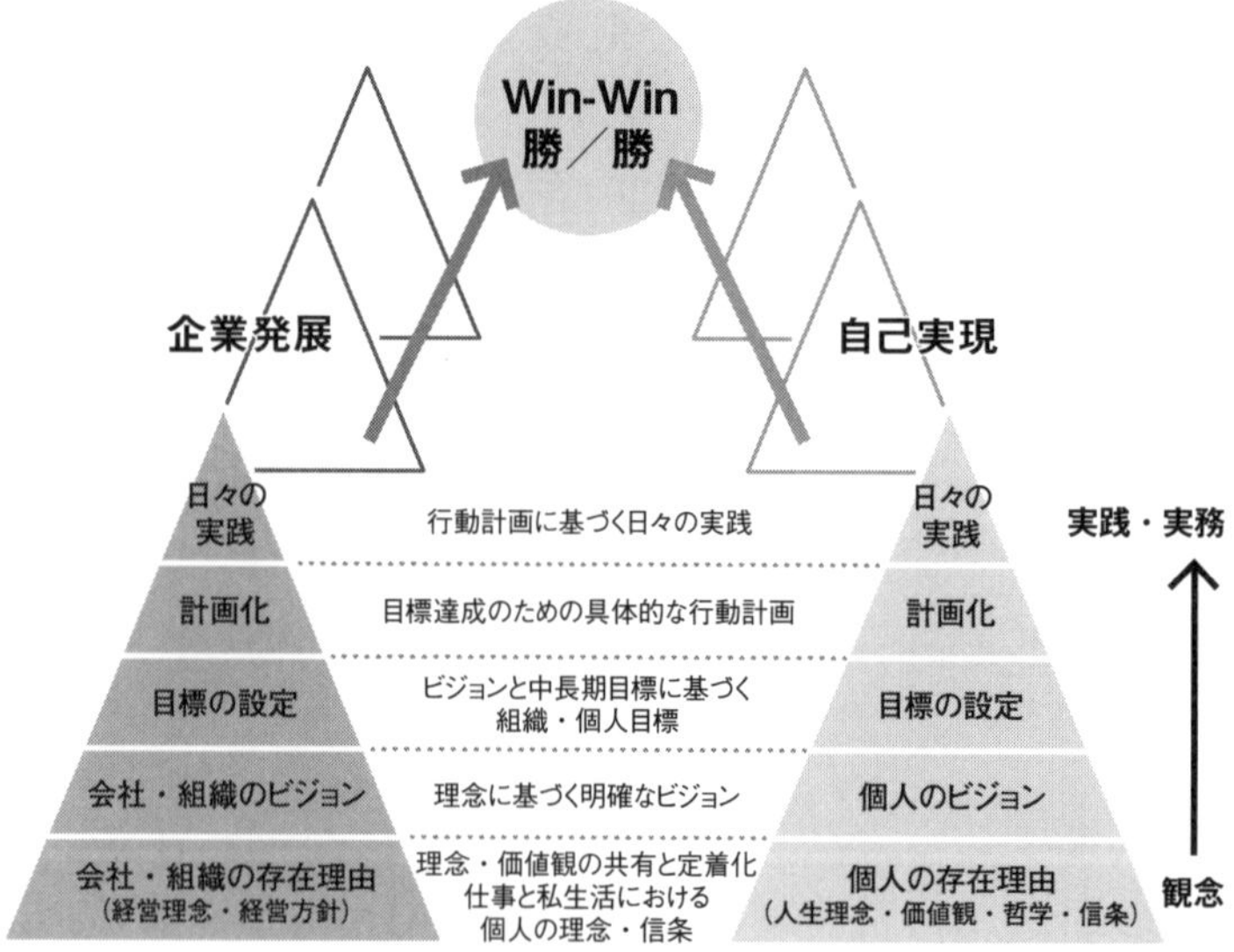

りが自己実現できる舞台を用意しなければならない。

そのための具体的な方法論が、個人のアチーブメントピラミッドと組織のアチーブメントピラミッドの統合だ。

簡略ではあるが、アチーブメントにおける個人と組織のピラミッドの統合に向けた取り組みを紹介したい。

まず、「このようなことをしたい」「こんなことをやりたいのでアチーブメントで働きたい」という明確な意志をもっていて、それが、企業理念やビジョン、事業計画にマッチしている「理念共感型人財」を採用する（理念共感型採用）。

そして、幹部のサポートのもと、社員1人ひとりがアチーブメントピラミッドを確立していく。幹部は、自らが企業理念の体現者としてサポートを行わなければならない。自らが企業理念に基づき仕事を通じて成果をつくり上げているか、自分の人生の目的と経営の目的が一致しているかどうかを、つねに問われている。

一方、価値観教育にも力を入れている。アチーブメントでは毎週の全体会議で、私自身が企業理念について全社員に直接語っている。

毎日の朝礼では、全社員が企業理念と企業ビジョンを唱和するほか、各部門ごとに理念を体現している仕事を紹介し、部門のメンバーがそれを承認する。現場でも、上司が部下に対し、仕事のやり方だけでなく、理念に根差したものの考え方から指導している。

そのうえで、企業と個人のアチーブメントピラミッドの一致を促すための仕組みを構築していく。その軸となるのが「アチーブメントフィロソフィー」だ。

①達成

「私たちは自己の定めた目標に対しては100%の達成を誓います」

②責任

「私たちはやるべきことをやるべきときに、自己の感情を乗り越えて責任をもって仕事をやりきります」

③情熱

「私たちは何事に対しても妥協することなく情熱をもって取り組みます」

④協力
「私たちはわが社の目標達成のために必要なことなら喜んで何でも行います。すべてが私のやるべき仕事です」
⑤スペシャリティ
「私たちは自己の職務に対してプロフェッショナルとしての自己を確立しています」
⑥挑戦
「私たちはさらなる可能性に向かって挑戦し続けます」
⑦規律
「私たちは組織の規律を守ることで、お客様と会社と仲間を守り抜き、世界最高のチームを創造します」

アチーブメントでは、自分の日々の取り組みがアチーブメントフィロソフィーに基づいているかどうかを、全社員が自己評価している。また四半期に1回、アチーブメントフィロソフィーを最も体現していると思う人を推薦し、年に1回表彰を行う「フィロソフィーアワード」という制度も実施している。

日本には、若者が考え、成長させていく組織が必要だ

私は、鎌田さんが日本青年会議所会頭時代に手がけた「異能ベーター発掘プロジェクト」の試みの話にも、非常に興味深く耳を傾けた。

「若者の感性ですごいと認められる傑出した若い人材を発掘し、青年会議所のネットワークに乗せて、活躍の場を作る」（公益社団法人日本青年会議所　２０１９年度会頭所信）という志にも、強く共感するものがある。

私は、２０２２年10月、年度の初めに全社員が集まり開催されるキックオフ会議にて、あと３年で代表取締役を退任し、経営の第一線から退くという宣言をした。

お陰様で、１９９７年に社員５名、資本金５００万円で始めたアチーブメントグループの連結従業員数は２００名を超え、実質無借金経営で経常利益15億４０００万円を計上する企業体にまで成長を遂げた。２０２２年１月に次世代の幹部が中心となり開催された「未来創造合宿」で、どうすれば顧客満足を追求した先でグループ売上高４００億円、経常利益80億円を達成する組織にできるかをテーマに議論を行ったばかりだ。

この手で、アチーブメントをさらに成長・発展させたいという情熱は尽きることがない。だがその一方で、私が会社のさらなる成長・発展に向けて、陣頭指揮を執り続けることで、次世代リーダーの志や情熱、そして可能性に蓋《ふた》をしてしまってはならないと思うようにもなった。

同様に、鎌田さんが言う、若者の感性で「すごい」と認められる傑出した若い人材、より優れた能力、一風変わった独特な能力をもつ「異能」の人材に秘められた可能性にも蓋をしてはならない。年齢や性別などにかかわらず、本当に能力のある人材を、適材適所に抜擢《ばってき》できるような社会にならなければ日本に未来はないという危機感を、私も共有している。

アチーブメントでは2004年に新卒採用を始めて以来、理念共感型人財を育て続けてきたが、2022年には、新卒で当社に入社した30代の社員2人を取締役に抜擢した。これは、組織の若返りを図るために下した決断である。

企業にとって、若者に選ばれる存在であることは、非常に重要だ。

当社では、企業と学生が入社を目的とした「選び、選ばれる関係」ではなく、「お互いの思いを尊重し合う関係」づくりを目指し、マッチングにこだわった独自の仕組みを構築し、新卒採用を進めてきた。その結果、新卒採用2年目で中小企業としては異例の1万名からエントリーをいただくようにもなった。

さらに、就活生を対象にした日本経済新聞社「就職希望企業ランキング」でも、2012、2013年と連続で、社員数300人以下の中小企業では最高位も獲得している。

新卒採用システムの構築に関しては、私をはじめ経営陣は一切口を出さず、すべて若手に考えてもらっている。新卒採用担当者は今年で8代目。1人の担当者が長く任期を務めることを避け、つねに若手に仕事を任せるようにしている。

学生が魅力を感じる採用の仕組みは、その年の新卒予定者の視点を捉えて行う必要がある。だから、若手に新卒採用を任せているのだ。

そういった取り組みの結果、アチーブメントは、Great Place to Work® Institute Japanが選出する2023年度版「働きがいのある会社」ランキング、従業員100～999人部門において2位に選出いただいた。

鎌田さんも新卒採用を若手に任せ、若手の目で人材を選ぶ仕組みを構築している。若者の感性で「すごい」と認められる傑出した人材が、会社の未来を切り拓いていくことに期待する気持ちは、私も鎌田さんも同じである。

「皆にとってよいこと」を考えるから、力を引き出せる

鎌田さんとの対話を通じて、彼は非常に優秀なリーダーだと実感した。

そのさりげない話しぶりのなかからも、つねに何が正しく、何が効果的かということを考え、本質的、長期的、客観的な視点から意思決定を行っていることがよくわかる。

とくに注目したいのは、その正しさとは、自分だけにとっての正しさではなく、皆にとってよいことであり、そこに向けて意思決定を行っているという点だ。

リーダーは多くの先輩たちから認められ、かつ、同期や後輩たちの支持を得て初めてその地位に

立ち、組織を動かす力を発揮できるようになる。

したがって我が強い人は、組織のトップに上り詰めることはできない。

鎌田さんは、JCへの入会8年目と史上最短で日本青年会議所の会頭に就任した。「この人がリーダーにふさわしい」と誰からも認められ、皆が押し上げたくなるような力量や人間性、もっといえば「星」をもっていたに違いない。

鎌田さんの話を聞きながら私は、彼は実業人、経営者としてだけでなく、広く国家の経営にも力を発揮できる素質をもつ人物だという印象を抱いた。

JCは首相や大臣をはじめ、国会議員や地方議員も数多く輩出している団体だ。鎌田さんにもぜひ、日本のリーダーを目指してもらいたいと思う。

衆知を集め、皆の力を合わせて日本をよりよい方向に変えていく。

これこそが、ほかの時代ではなく今この時代に、私たちがやらなければならないことである。日本の明るい未来を切り拓いていくためには、今この瞬間に生きる若者の感性がぜひとも必要だ。

column

03

JCの組織

JCの組織の基盤になっているのが、LOM（各地青年会議所）と呼ばれる市町村レベルの青年会議所だ。LOMは2022年1月時点で全国684カ所にのぼる。各LOMは、JCの全国的運営における総合連絡調整機関の役割を担う日本青年会議所（本会）の会員であり、個々に主体性をもって活動や運動を行っている。

本会の下部組織にあたるのが、地区（北海道、東北、関東、北陸信越、東海、近畿、中国、四国、九州、沖縄の10地区）単位の組織である地区協議会と、都道府県単位の組織であるブロック協議会だ。地区協議会は、各ブロック間の連携や連絡調整を行う機関。ブロック協議会は本会とLOMをつなぐ存在で、日本青年会議所が定めた方針や運動を県内の各地域で推進する役割を担っている。

加えて日本青年会議所は、世界の青年会議所を統括する組織であるJCIの会員でもある。JC会員はLOMで経験を積むなか、本会や地区協議会、ブロック協議会はもちろん、JCI等の各種団体に出向し、挑戦を通じて大きく成長を遂げる機会も得られる。

日本青年会議所には、本会と地区・ブロック協議会を合わせて約9000人の出向者がいる。会頭以下の日本青年会議所メンバーは各LOMからの出向者で、直接所属しているのは事務局員だけ

［　組織の仕組み　］

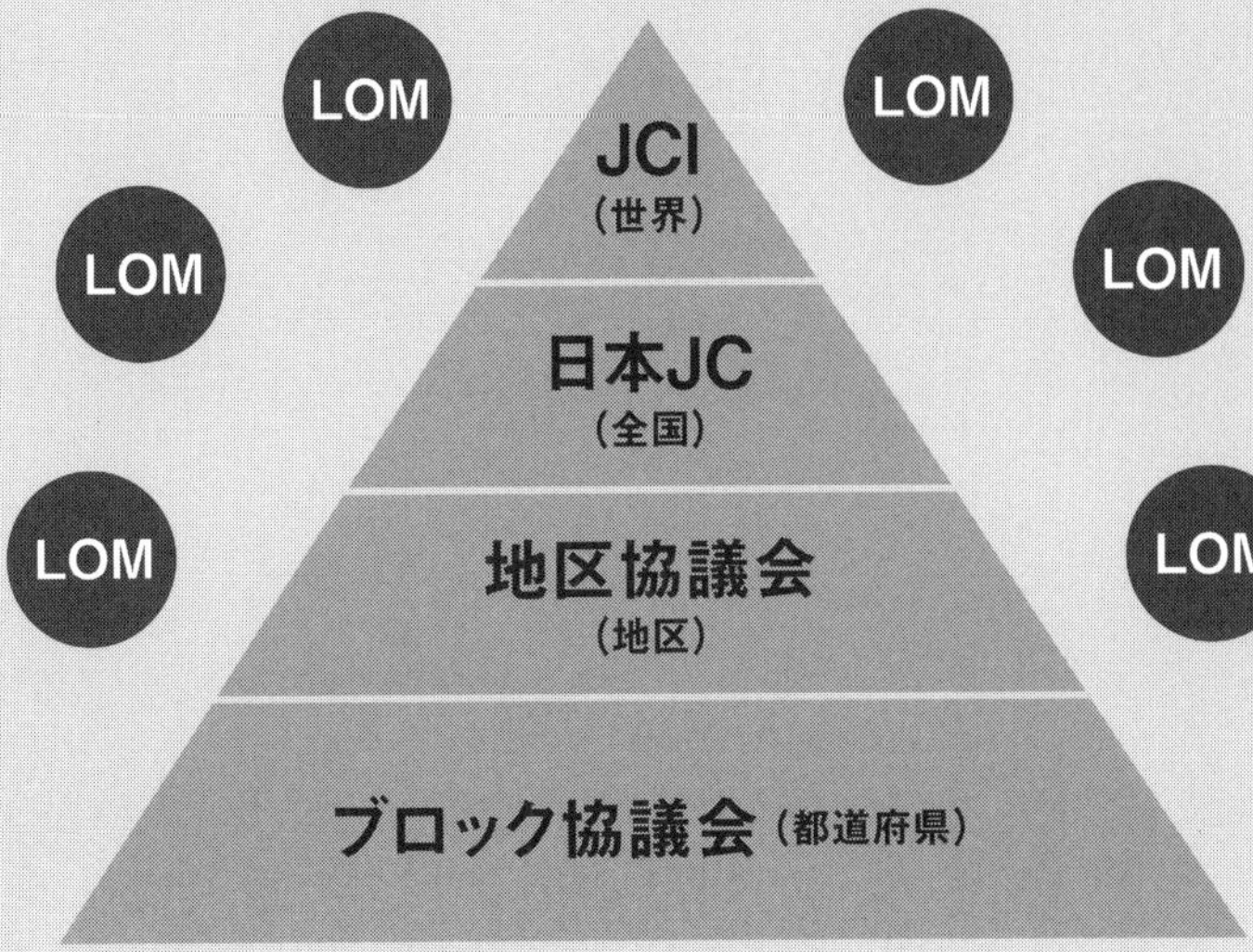

だ。

本書では、５人の日本青年会議所歴代会頭に登場していただいている。日本青年会議所の会頭は、日本のＪＣのリーダーで、選挙によって選出される。選挙に立候補できるのは、日本青年会議所の副会頭か専務理事の経験者のみだ。

毎年７月の届出期間中に、立候補の届出がなければ選挙管理委員会が資格審査を行い、適格だと認められれば次期会頭に内定となる。毎年10月の全国大会で開催される総会で承認を得て、正式に次期会頭に決定。就任日は翌年１月１日で、１年間の任期を務める。

２０２３年度は、自由民主党副総裁・元首相の麻生 太郎氏の長男・麻生 将豊《まさひろ》氏が第72代会頭に就任した。麻生 太郎氏も１９７８年度に日本青年会議所会頭を務めている。

第　4　章

『尽くす』

正解がわからない
時代だからこそ、
リーダーは
「サーバント」であれ

株式会社崎陽軒
代表取締役社長
第70代会頭（2021年度）　野並 晃

野並 晃

のなみ あきら

1981年、神奈川県生まれ。2004年3月、慶應義塾大学経済学部卒業。同年4月、キリンビール株式会社（東京都中野区）に入社。07年、株式会社崎陽軒（神奈川県横浜市）に入社。11年、慶應義塾大学大学院経営管理研究所修了。12年、崎陽軒取締役に就任し、常務取締役、専務取締役を経て、22年5月に代表取締役社長に就任。13年、横浜青年会議所（横浜JC）に入会。18年、日本青年会議所に出向し公益資本主義推進委員会委員長を務める。19年、横浜JC理事長に就任。20年に日本青年会議所副会頭に就任し、21年に会頭を務める。

正解がわからない時代だからこそ、リーダーは「サーバント」であれ

地元・横浜の皆様が望むことは何かを考え続ける

２０２２年５月、私は１９０８（明治41）年の創業以来、「横浜のおいしさ」を創り続けてきた崎陽軒の４代目代表取締役社長に就任しました。

当社は今年４月に創業１１５年を迎えましたが、こうして長い歴史を積み重ねてこられたのも、横浜市および神奈川県を中心とする地元の皆様に支えていただいてきたからです。

１９２８（昭和３）年、「横浜の名物をつくろう」という思いのもと販売を開始したシウマイや、「横浜ならではの駅弁をつくりたい」という思いから１９５４（昭和29）年に発売したシウマイ弁当は、横浜市民のものであるというのが当社の考え方です。

だからシウマイやシウマイ弁当を、横浜の皆様、神奈川の皆様のご許可なしに勝手に変えてはならない。一企業の考えだけで商品をつくるのではない。つねに「横浜の皆様はこんなことを望んでいるだろう」と考えながら、商品の開発や、お互いにシナジーを発揮できるパートナーとのコラボ

レーションなど、様々な取り組みを進めていかなければなりません。

私たちは、「こういうことをすれば、きっと地元の皆様に喜んでいただけるだろう」という尽くす気持ちをもちながら、仕事に取り組んでいます。

尽くしたことはすべて自分や家族、社業に返ってくる

私は、２０１３年に横浜青年会議所（横浜ＪＣ）に入会し、２０２１年に日本青年会議所の会頭を務めさせていただきました。

ＪＣには、「修練」「奉仕」「友情」という三信条があります。この三信条の「奉仕」とは本来、若者たちのリーダーシップの開発と成長の機会の提供に対する奉仕を意味します。

ＪＣのミッションは、「青年が社会によりよい変化をもたらすためにリーダーシップの開発と成長の機会を提供する」こと。あくまで、リーダーシップの開発と成長の機会の提供への奉仕が、ＪＣという組織のあり方の根本にあり、日本青年会議所会頭が担う役割もそこに紐づいているのです。日本語でも英語でも、奉仕という言葉は自己犠牲的なイメージをもたれやすいかもしれません。でも私は、自己犠牲をともなう奉仕は、基本的には長続きしないと思っています。

私たちはＪＣで、明るい豊かな社会をつくるために様々な運動に取り組んできました。そうしたなかで、よりよいまちとは何かを考え、まちのために尽くす。それを「奉仕」という言葉に置き換

えていると、私は理解しています。

よりよいまちとは何かを考え、まちのために尽くすこと自体は、翻って自分自身や家族のため、社業のため、そしてＪＣ以外に自分が所属している組織のためとなり、ポジティブに跳ね返ってくるものです。けっして自己犠牲がともなうような奉仕ではありません。

たしかに、自分たちでお金を出し合いながら機会をつくり、地域特性を活かしたまちづくり運動やボランティアなどを行っているという意味で、ＪＣの運動には、一般的に言われる奉仕という側面があります。

それをやることがお金になって返ってくるかどうかはわかりませんし、もともとお金のために運動をしているわけでもありません。そこで得られた機会を活かして1人ひとりが成長しながら、ＪＣ以外の多くの人々や社会に、皆でよい影響を与えていこうとするのが、ＪＣの運動なのです。

リーダーは「奉仕する人」でなければならない

リーダーシップには様々な形がありますが、なかでもよく知られているのは、「自分についてこい」と言って皆を引っ張るトップダウン型のリーダーシップと、奉仕・支援し、「皆でよくなっていこう」と導くサーバント型のリーダーシップです。

ＪＣにはどちらのタイプも存在しますが、最近はどちらかというと後者のタイプのリーダーが増えている気がします。全国各地の各地青年会議所からの出向者でつくられている日本青年会議所という組織が、全国的運営の総合連絡調整機関として機能している点も大きく関係しているでしょう。

私は、日本青年会議所の会頭時代に、そのことを実感しました。横浜という地域を地盤にしている「野並 晃」という人間がいて、かたや横浜とは縁もゆかりもない全国の様々な地域から、多くの仲間が1つの組織に集まってくれているのです。

そのなかで、「野並 晃」という人間の価値観だけに閉じたリーダーシップで組織を動かそうとすれば、視点が日本全国から横浜という地域に絞られてしまうかもしれません。それでは、日本青年会議所が本来果たすべき役割とは、大きく異なる形になってしまいます。

日本全国あるいは広く世界を視野に入れた活動や運動をしなければならないのに、私自身は主に横浜のことしか知りません。でも、たとえば私の会頭在任期間中、専務理事として女房役を務めてくれた中島 土《つち》君（2022年度会頭に就任）が大分を地盤にしているように、日本青年会議所には全国各地に地盤をもち、「餅は餅屋」の得意分野をもつ仲間が多く集まっています。

そうしたなかで私は、メンバー1人ひとりに力を発揮してもらうために、何を求め、どう支えていくのかを考えるサーバント的なリーダーのスタイルが向いていると考えました。

しかも、私が会頭を務めた2021年は、コロナ禍の真っ只中。従来のように、メンバーが集まり顔を合わせながら運動をするのが難しい時期でした。

そんな環境のもとで、どうすればJCという組織の活動や運動を維持できるかを、大きく問われました。

こういう社会状況だからこそ、それぞれの地域で頑張ろうという思いをもって活動や運動をしている仲間たちに、頑張り続けてもらうには何をしたらいいのか。私は模索し続けました。

その頃、全国各地で頑張っている仲間たちも、「自分たちは地域のために何をしなければならないのか」「こんなことをしたらいいのではないか」と模索を続けていました。

おそらく彼らとしても、一番悩みを抱えていた時期だったと思います。「あらゆることに自粛要請が出ているなか、今本当に、地域主導でこんなことをやってもいいのだろうか」という悩みもあったはずです。

そのとき私は、リーダーとして、「どんどんやっていいんだよ」と、彼らの背中を押すべきタイミングが今なのだと実感しました。

JCはそもそも、戦後の焼け野原のなかで、われわれ青年世代が復興のために力を尽くさなければならないという思いから生まれた組織です。つまり、恵まれた環境での活動を前提としていないのです。誰かがよくしてくれるのを待つのではなく、困っているときに何ができるのかを考え、自らのアイデアとアクションを通じて、自分たちの力で少しずつでもよりよい社会にしていく組織なのです。各地でこういう動きが起き始め、地域の実情に合った運動がどんどん回り出していけば、地域を起点に、状況はどんどんよくなっていくはずです。そのための後押しを、会頭である私が率先して行うこと。それが、２０２１年度はとくに必要だったと思います。

自分自身が心からそういう気持ちになれたという点において、コロナ禍という状況のなか、会頭を務めさせていただいたことに心から感謝しています。

押しつけるのではなく、後押しし支える

私は、各地域のこうした動きを後押しし支えるために、地域によって異なる「質的価値」を追求しようと、新たな方向性を打ち出しました。

日本の魅力とは何でしょう。

私は、47都道府県それぞれに異なる文化があることや、四季折々、風景が多様であることなどが思い浮かびます。それぞれの地域のよさは、そこに住んで生活し、活動や運動をしているJCのメンバーが最もよく理解しているはずです。

東京一極集中というあり方を見直す動きもあるなかで、それぞれの地域が目指すべき姿は、けっして東京ではないはずです。

正直、東京への憧れは「量への憧れ」という面もあるのではないかと思っています。だとすれば、「量への憧れ」を「質への憧れ」に転換すれば、もっと多様な視点でよさや魅力を見出せるのではないでしょうか。

そこで私は、会頭として2021年度のJCの活動をスタートさせるにあたり、「地域がその実情に応じ質的観点で自発的な、そしてその地域に限定した取り組みを実践すべきなのである」とい

うメッセージを発信しました。

そして、量的価値から質的価値への転換という方針に基づいて事業を進めるために、自分自身がサーバントとして、メンバーの活動や運動を支えられるように取り組みました。

そこで基本に据えたのは、皆が「自分で決めたことだからやれる」という考え方をもつことです。質的価値という価値観に絡めれば、「こんな特色やよさをもつ自分の地域が、今こんな状況にある。だから、こういうことをやるべきではないか」と自ら考え、実行に移せるようになるのです。「他人から言われてやるのではない。地域のことをほかの誰よりもよく知るあなた自身が必要性を感じ、やるべきだと決めたのです。だから、ぜひとも自ら責任をもってやってほしい」と言って、皆の背中を押しました。

人は、他人に言われてやらされるという状況では、力を発揮できないと思います。あくまでリーダーは大きな方向性を示すだけ。それを踏まえメンバーが、自ら主体的に考えたのなら、自分の内面から湧き上がってくる意欲に動機付けられる。つまり、内発的動機付けに基づいて行動が起きる状態になるわけです。

私は、そういう環境さえ整えば、あとは1人ひとりが自主的に動いてくれると考え、メンバーに行動を押しつけない環境づくりを心がけました。

選択の自由があるところに納得が生まれる

もう1つ、私がメンバーによく話していたのは、「選択していい」ということです。メンバー自らが主体的に考え、行動を起こそうとしたときに、何をやるかを選ぶ自由があることが、非常に重要なポイントだと考えているからです。

せっかく内発的動機付けに基づいた行動が起きても、選択肢が1つしかないような環境をつくってしまうと、結局は「やらされ感」のなかで行動せざるを得なくなってしまいます。反対に、複数の選択肢のなかから「自分はこれをやる」と選べる環境があれば、「これは自分が選んだ道だ」と納得してできるはずです。

私が取り組んだのは、「自分自身で選択したのだから、責任をもってその行動をやり遂げよう」と思ってもらえるような環境づくりです。

たとえば日本青年会議所には、全国47都道府県ごとにブロック協議会という組織があり、日本が抱えている問題や課題を解決するための様々な運動を企画・作成している会議・委員会が、両輪となって動いています。

私が会頭を務めた2021年度は、その会議・委員会が作成した数々の運動のパッケージのなかから、各地域で必要とされるものを各ブロックが自由に選択できるという制度を設けて、活動や運動を行いました。

1会議6委員会で構成された地域グループでは、地域や次世代による質的価値の創造、地域経済の再建、SDGsを通じたビジネスによる地域創造、デジタル技術を活かした新たな価値の創造などをメニューに盛り込んだ運動パッケージを作成しています。たとえば、「地域に根差した中小企業を盛り上げるときに活用できる、課題解決方法を運動として取り上げたい」と考えているブロックが、それに合うパッケージを活用して、新たな価値の創出や、生産性向上につながる運動メニューを選べるようにする。

要は、そこに選択の自由をつくったのです。それは、「これをやりなさい」というものではなく、「このパッケージのなかから必要なものを選んで利用してください」というものです。

各ブロックは「うちの都道府県では、今この課題を解決すべきだから、このパッケージのこの運動を利用させてもらおう」と、自由に選択できます。

このとき規模の大きなLOMなら、会員拡大のお手伝いや新入会員の教育などを、すべて自分たちで行えますが、小さなLOMの場合、手が回らないこともあります。この点に関しては、ブロックに各LOMをフォローしていただくようお願いし、それ以外の点に関しては、パッケージのなかからそれぞれの地域の実情に合ったものを選択していただくという方法を採りました。

相手を否定せずに、「引き出し」を増やすよう諭す

もう1つ大事なポイントは、どんな組織にもトップダウン型のリーダーシップが大事だと考える人がいるということです。私自身は、たとえ意見は異なっていても、組織を運営する立場である以上、頭ごなしにそれを否定することはできないと思っています。

そこで私がよく話していたのは、

「あなたのリーダーシップという『引き出し』に、今トップダウンというやり方が入っていることはよくわかります。でも『引き出し』にはいろいろなやり方を入れておいたほうが、あなたの人生にとってきっとプラスになるでしょう。だからもし、サーバントリーダーシップというやり方もあるんだなと思えたなら、それを『引き出し』に入れておいてください。その『引き出し』をすぐに開ける必要はありません」

ということです。

サーバントリーダーシップを「引き出し」のなかに入れておいてくれれば、必要性を感じたときに、それを引き出すことができるからです。

私は、人間の成長とは変化だと思っています。でも変化とは、今ここにあるものを変えるということだけではありません。自分の幅を広げ、「引き出し」の数を増やすことも、変化であり成長です。だから、「今のあなたをけっして否定はしない。ただ、こういうやり方も学んで、どんどん『引

き出し』のなかに入れておいてほしい。あなたが必要だと感じたときに、それを開けてくれればいい」という姿勢で、メンバーに接していました。

私が、リーダーシップのあり方について深く考えるようになったのは、横浜ＪＣに入会して間もない頃に、ある種の押しつけというか、不条理を感じる体験をしたからです。

上司から「君の好きなようにやっていい」と言われて、自分なりに一生懸命考えて議案を書き、会議にもっていったのに、それが会議でまったく通らない。加えて、「これはどうなのか」「あれはどうするのか」と聞かれて受け答えをしたのに、その後に具体的な指示は何も下りてこないのです。「結局何をしたらいいのですか」と質問すると、「いや、それは君が考えるべきだし、そこには君の自由がある」と言われるだけ。自由に考えさせてもらえるのはありがたいのですが、方向性もよくわからないままでは、どうしたらいいのかわからず迷うばかりです。

これは、どんな組織でも頻繁に起こることだと思います。自由という言葉を使いすぎて、仕事がうまく進まないのであれば、結果的には不自由を生んでしまいます。誰もが、「自由」と言われた以上は、本当に自由にやらせてほしいと思うでしょう。自由とはとても難しいものなのです。

そんな体験を通じて、リーダーがきちんと方向性を示さなければ、メンバーはついてこないのではないかと思うようになりました。

実際、私は日本青年会議所会頭や横浜ＪＣ理事長などのリーダーを務めた際、すべてを選択の自由に任せていたわけではありません。

チームができたときは最初に、「私は、議論は尊重します。でもそれが多数決で決まるような話ではないときは、最終的な決断は私が下します。皆様、申し訳ないですが、この方針にしたがってください」と、お伝えするようにしています。

誰も正解を知らない時代のリーダーシップ

「トップダウン型のリーダーシップと、サーバント型のリーダーシップ、どちらがいいか」という議論がなされることがあります。

もし、「これをやったら間違いない」という正解が明確にあるなら、その方向に突き進んでいくタイプのリーダーシップが非常に有効だと思います。

でも今は、正解が何なのか、わからない時代です。私自身も正解がわからない状況のなか、経営者として日々組織を動かしています。

でも、正解がわからないからといって止まっていては、何も変わらず、よくなることもありません。だから、それがうまくいくかどうかはわからないにせよ、状況を打開するための「打ち手」を講じていかなければなりません。

打ち手を講じるには、その材料を集める必要があります。考え方も立場も異なる人たちから、「私はきっとこうだと思います」という意見や知恵をたくさん集めた組織のほうが、よい打ち手を考え出すことができるはずです。

その結果、この打ち手は反応がよかったから、この方向でさらに進めていこうといったふうに、状況打開に向けての動きを加速させていくのです。

そのための環境づくりを行い、メンバーの背中を押すのがリーダーの役割です。

組織内での役職に囚われないＷｉｎ－Ｗｉｎの関係をつくれ

結局のところ、サーバントリーダーが目指すものは、Ｗｉｎ－Ｗｉｎの関係づくりということになると思います。Ｗｉｎ－Ｗｉｎの関係づくりは、組織と組織の関係はもちろん、組織のなかの個人と個人の関係においても、非常に重要です。

たとえばＪＣが手がける様々な運動は、自分が所属するＬＯＭのようなＪＣ内の組織だけで完結するわけではありません。趣旨や目的に賛同してくださる外部の組織や団体の協力を得ることで、より大きな運動になるからです。また、協力先の組織や団体に、ＪＣの運動に加わると、自身の活動によい影響が生まれると感じてもらえる状態が理想です。

その一方で、私自身、組織のなかの個人と個人のＷｉｎ－Ｗｉｎの関係づくりについて、改めて考えさせられる機会がありました。

先にも述べた通り、私が会頭を務めていた２０２１年に、専務理事という女房役を務めてくれた

中島 土君は、2018年には私の上司でした。2020年には同じ副会頭という立場を一緒に務めた仲間です。

JCではたまに、同じ相手との関係であっても、その年によって組織内での立ち位置が変わることがあります。お互いにそういう経験をしたので、彼とはよく、「組織における役割の関係性のなかだけで人間関係をつくってしまうと、長続きはしないだろう」と話したものです。

これはJCに限らず、企業内での人間関係を考えるうえでも、大事な視点だと思います。

JCでの人間関係に話を戻すと、JCに在籍している期間だけ、JC内の人間関係に目を向けるのはもったいないことです。むしろ40歳になってJCを卒業し、1人のOBになったとき、お互いにフラットな関係でありたいと思って付き合うほうが、よい関係が長続きする気がします。

社会人として経験を重ねると、上司と部下という組織内の関係や、取引先との関係など、ビジネスを通じてつながっている人間関係の比重が大きくなるものです。

ところがJCでは、皆が同じ年会費を払い、身銭を切って日々の活動や運動を行っています。ある意味、平等な関係性をベースにしながら、それぞれの会員が役職をもって動いているという点で、非常にフラットな人間関係が構築できるのです。

実際、平等な関係性がベースになっているので、会員同士の人間関係も、それぞれが所属している会社の規模などにはほとんど左右されません。

Win-Winの関係づくりという点でも、JCを卒業するまでのあいだに築かれた人間関係を通じて、40歳以降も何かを生み出していけるようにすることが大切だと思います。

たとえば、お互いに刺激し合うことによる人間的な成長、あるいはお互いに楽しむことのできる時間などです。

相手の願望実現に最も役立つ「引き出し」になる

私自身が組織のメンバーとの間にWin-Winの関係をつくるために意識しているのは、相手が求めるものを手にしようとする過程において、「野並 晃」という人間が最も役に立てるかということです。

もし「自分では役に立てない」と思うなら、「ほかにこんな面白い人がいる」と、自分よりも相手の願望実現に役立てそうな人を紹介するという形でもいいと思います。

あまり相手の役に立てない人間関係のなかで、無理に合わせようとすれば、相手にとってのWinも、自分にとってのWinも共に小さくなってしまいます。

とはいえ、相手が何を求めているかを理解することは、容易ではありません。関係を構築していく途中で、「あなたの求めているものは何ですか」と単刀直入に聞くのも、なかなかに難しいことです。

そこで私自身は、「野並 晃」という人間が、相手にとっての「引き出し」の1つになっていてくれればいい、という感覚で接することにしています。

相手が何かを必要としたときに、「引き出し」を開けて私に相談をしてくれる。私も「連絡をくれてありがとう。どうしたの？」と自然に受け答えができる。そんな人間関係がちょうどいいのではないかと思います。

お互いがお互いを頼りにし合うのではなく、一緒に頑張らずともお互いがお互いの力を引き出し合える。そんな方向にもっていくことが、Ｗｉｎ－Ｗｉｎの関係づくりだと、理解しています。

コラボレーション企画も、お互いの強みを活かし合えるかどうかに尽きる

一方、私が代表取締役社長を務める崎陽軒では、よくコラボレーション企画を行っています。

たとえば、２０２４年春の北陸新幹線福井・敦賀開業に向けて情報発信を強化している福井県様と、地域の活性化・ブランド力向上につなげる相互協力協定を締結しています。

私も実際に足を運んで驚いたのですが、福井県は陸海山の魅力的な食材に満ちあふれています。こうした全国に誇る「美食の宝庫」といわれる福井県の強みと、首都圏で高い人気と発信力をもち、トップクラスの駅弁販売数を誇る崎陽軒の強みを活かし、ＢＳフジの人気番組『小山薫堂 東京会議』のメンバーの皆様の協力を得て、福井県産食材の魅力が詰まったお弁当を開発しました。

それが、２０２３年3月1日から31日まで販売した『福笑御膳《ふくしょうごぜん》』です。「ふくいサーモン」や福井県産甘えび、へしこ（青魚を塩漬けにし、さらにぬか漬けにした郷土料理）をつくる際に使う「へ

しこ糠」、小鯛の笹漬けなどの福井県産食材を計10種類詰め合わせました。

あわせて3月1日から31日まで、当社の通信販売Ｗｅｂサイトおよびロードサイド店17店舗で「福井フェア」を開催し、福井県の名産品も販売しました。

このように崎陽軒のお弁当などを通じて、首都圏のお客様に福井県の豊かな食文化に触れていただく。またその一方で、福井県の皆様にも、当社の創業の地である横浜に興味をもっていただく。そうやってＷｉｎ－Ｗｉｎの関係を構築しながら、福井県と首都圏の交流人口の拡大に貢献することを目的に、今回のコラボレーション企画を実施したのです。

企画を行ううえで大切なのは、お互いの強みを活かし合いながら、1つの企業や組織だけではなし得ないことを一緒に手がけ、よりよい成果を上げること。まさにＷｉｎ－Ｗｉｎの関係づくりが不可欠なのです。

企画を行う双方が強みをもっていて、お互いに、自分にはない強みを相手がもっている。そういう企業や組織同士が一緒に組むから、1社ではなし得ないものが生まれます。ですから、どんな相手ともＷｉｎ－Ｗｉｎの関係を構築できるわけではありません。

合わない相手同士でＷｉｎ－Ｗｉｎの関係を構築しようとするのは、かなり難しいでしょう。組織も人がつくっているものなので、相性の問題は避けられないのです。

とはいえ、Ｗｉｎ－Ｗｉｎの関係を構築できない相手とは関わりを断つよう勧めているわけではありません。お互いの強みを活かし合える相手とＷｉｎ－Ｗｉｎの関係を築くことにこそ、力を注いでいただきたいということです。

当社の取り組みでいうと、コラボレーション企画の相手はほぼ食品会社以外となっています。基本的には、自分たちがもっていないものを相手先の会社様がもっていて、新しい取り組みになりそうな企画をやろうというスタンスで実施しています。

相手先を選ぶ基準は、強みが明確で、それを当社はもっていないこと。そして、その強みをこよなく愛するファンがたくさんいること。

そういうものがある組織同士で組むことができたら、ワクワクするような、新たな取り組みが実現するのではないかと思います。

翻って自分自身、崎陽軒という会社であれば、当社独自の強みをさらに磨き、もち続けることが大切です。ＪＣという組織、あるいは「野並 晃」という個人において、自分は何が強みで、相手にはないものをどれだけもっているかということが、非常に重要なのです。

生まれ変わっても自分。後悔のない人生を送ってほしい

本章の前半で、横浜ＪＣに入会して間もない頃、議案作成で非常に苦労した話をしましたが、実はあの後、議案に書いてある内容を勝手に変更し、上長に大目玉を食らいました。それを受け、任命された役職だけをやり終えてからＪＣをやめようと考えていました。

でも結局は、やめていません。

なぜなら、すっかりやる気を失っていた私に、次年度のリーダーが「君にはこういう役職を任せたい。君にしか任せられない役割だ」と、私のことを信頼して白羽の矢を立ててくれたからです。

そういう見方をしてくださった先輩がいたので、私はこの組織に居続け、多くの経験を重ね、日本青年会議所の会頭までやらせていただくという、幸せな環境を手に入れることができました。本当にありがたいことです。

一時期、JCをやめたいという気持ちをもった人間が言うことではないかもしれませんが、最終的に、やったらやっただけの成果は得られます。

JCであれ企業であれ、組織のなかで仕事をしている以上、浮き沈みはあるものです。お陰様で、2022年から崎陽軒の社長を務めさせていただいていますが、過去には降格したこともあります。

本当にいろいろなことがあるのが人生です。

皆さんには、その1回限りの人生において、経験することすべては自分のためにあると思っていただきたいです。

私自身がとくに意識し、JCのメンバーや当社の社員たちに伝えてきたのは、「生まれ変わっても『野並 晃』でいたい」ということです。

人間なので、当然他人に憧れることはありますが、自分は自分の人生しか生きられません。自分の人生を生きるなかで、究極のゴールと呼べるものは、一片の後悔もなく、「自分はこれだけのことをした」と思える達成感を得ることだと、私は理解しています。

それを私なりに表現したのが、「自分は生まれ変わっても『野並晃』でいたい」という言葉です。

だからその瞬間瞬間で、自分にとって必要なのは何をすることなのか、何をしたほうがいいのか、どんな人間関係を築いていったらいいのかを意識し、実践する。そうすることで「もう1度、同じ人生を歩みたい」と後悔なく思えるはずです。

心からそう思える人が、地域のなかに増えれば増えるほど、この日本はまだまだ成長し、よい国になっていけるはずです。

ところが今、世間には、あの政治家がどうとか、政府がこれをやらないからいけないんだというような話ばかりをして、自分自身では何も行動を起こさない傍観者があふれています。そんなことばかり考えて、何もしないのでは意味がありません。

皆さんには、人に責任を押しつけない人生を送ってほしい。そして、自分自身の責任において物ごとを考え行動するという経験を、JCのなかで重ねていってほしい。

そうすれば、このJCという組織もまた、さらに成長していくだろうと思います。

私には10歳になる息子がいて、ぜひ彼にも、JCで多くを学んでもらいたいと考えています。

皆様も、1人の親という立場になったとき、「ここに自分の子どもを入れたい」と思えるような組織を築いてください。

これが、私という1人のOBからバトンを受け取ったJCの現役会員の皆様に、最も伝えたいことです。

　また、ＪＣに関心を持ってくださっている方へ。この組織にはネットのなかにある知識や机上で学べることとはまったく違う、実践のなかでの学びがあり、その学びを通じて様々な人間関係を構築することが可能です。

　未来とはただ待って受け入れるものではなく、自らが主体的に携わることにより、ありたい形に構築することができる。ＪＣは皆様にとっての「明るい豊かな社会」を共に創り出すことのできる組織です。

「本書を通じて、ＪＣに入会しました！」というご連絡がたくさん来ることを心待ちにしています。

「尽くす」は人のためならず（青木 仁志）

「奉仕のための練達」――奉仕も社会貢献も「自分づくり」から

本章では、「尽くす」をテーマに野並さんのJC時代の体験や、昨年社長に就任された老舗《しにせ》・崎陽軒での取り組みについて聞かせていただいた。

本章のテーマを「尽くす」にしたのには、理由がある。

企業をはじめあらゆる組織や団体が、自分たちの事業を通じて、人々の幸福やよりよい社会を実現できるよういかに尽くすかを、意識しなければならない時代になっているからだ。

また、組織のリーダーのあり方としても、奉仕・支援し、「皆でよくなっていこう」とメンバーを導く、サーバント型のリーダーシップがより重要性を増している。

サーバントとは、平たくいえば「奉仕する人」という意味だ。

奉仕と聞くと、関西学院大学のスクールモットー、「奉仕のための練達」という言葉を思い出す。

「奉仕のための練達」とは、英語の「Mastery for Service」の訳語で、「隣人・社会・世界に仕えるため、自らを鍛えるという関学人のあり方」（関西学院大学ホームページ）を示しているという。「奉仕のための練達」から教えられるのは、まず自分自身が強くなければ、人のため、社会のための力にはなれない。自分がもっていないものは、人には与えられない。だからまずリーダーは、「自分づくり」から始めなければならないということだ。

精神論ではなく教練、修練、鍛錬を通じて、自分自身をある一定の水準にまで高める。そのうえで、メンバーをその水準へと導いていくのだ。ベースになるものがなければ、奉仕もできない。

野並さんはこの「奉仕」について、とても重要な指摘をしてくれた。

奉仕とは、自己犠牲ではなく、結局は自分自身や家族、社業などにポジティブに跳ね返ってくるものであるということだ。

奉仕について、世間では精神論ばかりが強調されがちだ。だがリーダーは、具体的な行動として、「縁ある人のために」と思って自ら行うことが、結局は自分自身のためでもあるということを、しっかり認識する必要がある。

まさしく「情けは人のためならず」だ。

経営者の場合、自分づくりが組織づくりへ、組織づくりが企業づくりへと広がっていく。そしてさらに、企業づくりが社会づくりに展開していくという、一連の「インサイドアウト」の広がりが、奉仕になる。

第1章でも説明した通り、インサイドアウトとは、企業なら経営者自身がしっかりと自己管理を行い、家庭では家族を守り、会社では社員を守る。そして、その先にいる取引先やお客様といったステークホルダーを大切にし、地域や社会、国家、世界の人々へと貢献の輪を広げていく、という生き方を表す言葉だ。

本業をしっかり成長させながら、人と社会に役立つ

「無私」とは、「私心・私欲のないこと」（『大辞林』）。けっして「私」をゼロにする、つまり自分自身を犠牲にして相手に尽くし、奉仕することを意味するのではない。

実際、企業も各地域のＪＣも、地域社会に貢献すると、人々が豊かで安全で安心して暮らせるようになり、それが地域経済を活性化させ、結果、企業やＪＣ自体もその恩恵を受ける。つまり、お互い様の関係なのだ。

精神論だけではなく実利がともなうなかで、地域の様々な企業や組織、団体がお互いにＷｉｎ－Ｗｉｎの関係を築き上げていく。その結果、地域社会がよりよいものになり、日本に繁栄が取り戻されていくのだ。

地域社会への貢献は、震災や集中豪雨をはじめとする自然災害の復旧・復興を進めるうえでも欠かせない。当然、地域のＪＣに所属する青年経済人たちは、家庭や会社という自分の生活基盤を守りながら、積極的に奉仕活動に参加している。

これも私心や私欲ではなく、社会の役に立ちたいという、無私の心から起こる行動だ。そもそもJCの活動や運動は、利益の追求を目的としていない。

JCの会員たちは損得とは関係なく、社会のためを思って社会貢献活動に参加しているが、それは自分の足場をしっかり固めたうえでのことなのだ。

自分の本業が傾くようでは、本来の社会貢献にはならない。リーダーとして不適格の烙印《らくいん》を押されても、文句は言えないだろう。だから、どんなに苦しいときでも本業で頑張りながら、かつほかの人の力にもなっていこうという姿勢を貫かなければならない。そしてそれが、リーダーとしての人間力を磨くことにつながるのである。

1人ひとりの願望実現を下から支え、パーパスに導く

では、奉仕・支援し、「皆でよくなっていこう」とメンバーを導くサーバント型のリーダーシップを、野並さんがどう実践したかという話に移ろう。

一般的にリーダーシップといえば、リーダーが組織のメンバーをトップダウンで引っ張っていくイメージが強いと思う。

だが、サーバントリーダーはトップダウンで引っ張るのではなく、主体性をもって考え行動する組織のメンバーを、下から支えるスタイルを採る。

メンバー1人ひとりを内面から動機付け、目標達成を通じた自己実現を支援する。さらにいえば、第3章で述べたように、1人ひとりがもっている願望の実現を支えるのだ。サーバントリーダーは、メンバーに方針をしっかり伝え、組織が目指すビジョンを明確に示したうえで、1人ひとりの主体的な行動を促していく。

野並さんは、自身が実践したサーバントリーダーシップの実例として、日本青年会議所会頭時代のエピソードを話してくれた。

JCは、全国各地の青年会議所の集合体だ。日本青年会議所は、日本全体というレベルから各地の実情までを踏まえ、JC全体としてどんな運動を行っていくのがよいかを検討し、総合的な調整を行っている。

野並さんは会頭在任中に、コロナ禍の真っ只中で「今、地域のためにこんなことをしたい」と声を上げた各地の取り組みを全面的に支えていく方針を貫いた。

とはいえ、日本青年会議所の会頭は、全国約3万人の会員が組織のビジョンやミッション、あるいは広くパーパスに向けて、ぶれずに進んでいけるように導く存在でもある。

具体的には、日本JCがその年度に進んでいく方向性を示し、日本青年会議所への出向者はもちろん各地のJCのリーダーたちを内側から動機付け、巨大な組織をまとめ上げていくのが役割だ。

会頭は、いわばリーダーのさらに上位に位置するトップリーダーで、各リーダーを指導するポジションにある。リーダーのなかのリーダーとして、JC内の各組織の方針および事業計画にしたがい、各組織を統括するリーダーが事業をきちんと実行・管理できるようにサポートを行っている。野並さんはそういうサーバントとしての活動を、2021年度の1年間にわたって続けた。

野並さんの後を継ぎ、2022年度会頭を務めたのが、第5章に登場していただく中島 士さんだ。中島さんは2021年、日本青年会議所の専務理事として、野並さんに対するサーバント役を務めた。野並さんを支え、バックアップしながら、野並さんの意向を汲み、JC内の各組織が手がける活動や運動のサポートを行った。

実は中島さんも、そうやってリーダーシップを学び、次期会頭として1年間の任期を務め上げている。日本青年会議所の会頭は代々、こうやってリーダーシップを学び、受け継いできたのだ。

相手を否定せず、一緒につくり上げる姿勢

今回の対話のなかに、野並さんが実践するサーバントリーダーシップの特徴がよく表れているエピソードがあった。トップダウン型のリーダーシップが正しいと考えているJCのメンバーに、こう声をかけたというエピソードだ。

「あなたのリーダーシップという『引き出し』に、今トップダウンというやり方が入っていることはよくわかります。でも『引き出し』にはいろいろなやり方を入れておいたほうが、あな

たの人生にとってきっとプラスになるでしょう。だからもし、サーバントリーダーシップというやり方もあるんだなと思えたなら、それを『引き出し』に入れておいてください。その『引き出し』をすぐに開ける必要はありません」

野並さんはけっして相手を否定していない。また、トップダウン型のリーダーシップをサーバントリーダーシップに改めなさい、とも言っていない。

あなた自身がもっている「引き出し」に、サーバントリーダーシップというやり方を入れておき、必要性を感じたときに、その「引き出し」を開けてくださいと提案しているのだ。

このように、相手を否定せずに導くことが、サーバントリーダーの基本姿勢だ。

「清濁併せ呑む」という言葉もあるが、「正しさ」は人の数だけある。だから、自分にとっての「正しさ」をむやみに主張するだけでは、メンバーを支え導く以前に、敵をつくってしまうだろう。

人によって異なる「正しさ」を、権力や政治力で押さえつけているようでは、内発的動機付けも、自ら主体的に考え、行動しようという意識も生まれない。

野並さんはおそらく普段から、まず相手の話にしっかり耳を傾け、「こんな考え方もあります。何か私で力になれることはないですか?」というサポーティブ（支援的）な姿勢で、メンバーと接しているのだろう。

だから、メンバー1人ひとりの願望のなかに、入ることができるのだ。

「願望のなかに入る」というのは、第3章で述べたように、野並さんというリーダーが、メンバーにとって「共にいたい人」として、相手の上質世界のなかに入るということだ。

上質世界とは、自分の基本的欲求を満たす「イメージ写真」がたくさん貼られた記憶の世界（第3章参照）。人は、基本的欲求が満たされることで快適感情を得る。そしてその「イメージ写真」を現実の世界で手に入れ、快感を得ようとして行動する。

だから、野並さんというリーダーが自分の上質世界に入っているメンバーは、野並さんと一緒に仕事をすることで快適感情を得る。そして「野並さんのために一肌脱ごう」という気持ちにもなる。

リーダーが組織のメンバーの上質世界、願望のなかに入ることができれば、お互いの人間関係は大きく改善し、Ｗｉｎ－Ｗｉｎの関係により近づける。それを可能にするものが、相手を否定せずに承認し、導き、支え、何かを一緒につくり上げていこうという、サーバントリーダーの姿勢なのだ。

納得をつくり、責任を育む

また、野並さんが日本青年会議所会頭時代に心がけたこととして、組織のメンバーが「選べる環境」をつくるという話があった。彼は、

「せっかく内発的動機付けに基づいた行動が起きても、選択肢が1つしかないような環境をつくってしまうと、結局は『やらされ感』のなかで行動せざるを得なくなってしまいます。反対

に、複数の選択肢のなかから、『自分はこれをやる』と選べる環境があれば、『それは自分が選んだ道だ』と納得してできるはずです」

と話していた。

リーダーが何かを決めて、メンバーに「これをやってほしい」と依頼することの責任は、リーダーにあることになる。そうするとメンバーは、「リーダーにやれと言われたから、これをやる」という感覚で仕事に取り組むだろう。

だが、人は自分の決断にしたがうものである。リーダーが方針を示し、そのなかでメンバーが「自分はこれをやります」と選択できるようにすれば、それは決定を下した自分の責任になる。責任が自分自身にあるから、主体性をもち、自分ごととして仕事に取り組もうという意識が生じる。

だから真の指導者は、1人ひとりのなかにある責任感を育み、組織の目的を遂げていくのだ。

これは私自身も、企業経営において、よく経験してきたことである。

企業には中長期の目標があり、それを達成するための年間目標がある。事業計画を立て、それを実践していくことで、掲げた目標を実際の数字に落とし込んでいくわけだ。

その際、数ある事業に優先順位をつけて、何の事業から実施するかを検討するプライオリティ・マネジメントを行うことになる。よく、社内で事業計画立案プロジェクトを立ち上げ、経験のあるマネジャーと、まだキャリアの浅い若手社員がチームを組んでプロジェクト・マネジメントを行うことがある。

当然のことながら、経験のあるマネジャーの知見をフルに活かすことになるが、それがトップダウン、押しつけであってはならない。最も効果的な方法は何か、若手が自ら考え、「こういうやり方でいきましょう」と意見を出せるように導くと、事業計画はよいものにまとまっていく。

企業の場合、事業計画にしろ目標設定にしろ、トップダウンで決められることが多いが、社員が決定のプロセスにどれだけ関与できるかで、仕事に対する納得度は変わってくる。

ましてやJCは雇用契約のない組織で、会員たちは自分自身の考えをもちながら、手弁当で活動や運動に参加している。それだけに、納得をつくり出さなければ人は動かない。

だからリーダーが、トップダウンではなくメンバーをサポートするポジションに就く、サーバントリーダーシップが有効に働くのだ。

不確実性の時代を生き抜くリーダーの条件

野並さんは、サーバントリーダーシップの時代的な意義についても触れていた。正解がわからない世の中だからこそ、より多くの意見や知恵を集めて打ち手を講じ、メンバーの背中を押していくことが大切だというのだ。まったくその通りだと思う。

この不確実性の時代においてリーダーシップはどうあるべきかを論じるなら、まずは、時代によって変わらないものは何かを考えなければならない。

たとえば、いつの時代であっても、「幸せになりたい」と思って生きているのが人間だ。人の人生の目的は幸せになることにあり、それは時代によって変わることがない。

この不易流行の原理原則を前提に、「明るく豊かな社会を共に築こう」と主張することを、否定する人はいないだろう。

その意味でＪＣの運動は、その時々によって様々な社会問題や課題があるなかで、「私たちは本来どんな社会や世界を目指すべきなのか」という点で、方向性が明確だ。

その明確な方向性のもとで、複雑な要素が絡んでくる不確実性の時代に、正しい施策とは何かを模索していくことになる。

だが実際には、政治、経済の問題にも複雑な要素が絡み合っていて、一概にこれが正解とは言い切れないことばかりだ。たとえば原子力発電所の運転再開がそうだろう。

電力需給のひっ迫といったエネルギー問題を考える場合、ローコストで高出力かつ安定的に電力を供給できる原子力発電は、コロナ禍等で疲弊した経済を立て直し、しっかり回していくうえで必要不可欠だという主張がある。

その一方、原発の安全性確保はいまだになされておらず、仮にまた何か大きな問題が起きたら誰が責任を取るのか。暮らしが多少不便になっても、原子力発電はやめたほうがいいのではないかという主張もある。

いったいどちらが正しいのか、私にもわからない。

あくまでこれは1つの例にすぎないが、どちらが正しいのかわからない、何が正解かがわからない問題については、本質的・長期的・客観的な視点に立ち、その時々でベストだと思える答えを、議論を通じて見出していくのが常道だ。

そのときにリーダーは、リーダーシップをどのように発揮すべきか。

自分がすべての正解を知っているかのように、トップダウンで結論に落とし込んでいくことは、非常にリスクが高い。

事実とは、今起こっている現象であり、それを自分がどう捉えるかは人それぞれである。何が正しい、正しくないのかという判断も、人によって異なり、1人ひとりがもっている知識の総量や経験、価値観などによって大きく変わる。

したがって、「正解」は人の数だけあるわけだ。

それをトップダウンで無理矢理1つにまとめようとすれば、大きな反発を受ける。それが本当に正しい答えかどうかもわからない。だから野並さんが話してくれたように、リーダーは意見や知恵をできる限り多く集め、議論を重ね、もっともよい打ち手を模索していかなければならない。

それは言い換えれば、「衆知を集める」ということだ。

皆で意見や知恵を出し合い、もっともよい結論に着地したなら、全員が納得できる。これが、納得を生み出すということである。

納得感が生まれれば、「皆でこれをやろう」という主体性が生まれ、それが1人ひとりの積極的な行動につながる。野並さんも同じ捉え方をしてくれているはずだ。

「衆知を集める」といえば、「経営の神様」と呼ばれた松下電器産業（現・パナソニックホールディングス）創業者の松下 幸之助さんの言葉を思い出す。

「衆知を集めた全員経営、これは私が経営者として終始一貫心がけ、実行してきたことである。全員の知恵が経営の上により多く生かされれば生かされるほど、その会社は発展するといえる」

（松下 幸之助『実践経営哲学』〈ＰＨＰ研究所〉）

加えて幸之助さんは、「生来体が弱かったがために、人に頼んで仕事をしてもらうことを覚えた。学歴がなかったので、常に人に教えを請うことができた」（松下 幸之助『人生心得帖』〈ＰＨＰ研究所〉）と語っている。

これらの言葉からもわかるように、幸之助さんは一貫してサーバントリーダーシップを実践し続けた経営者である。

生まれつき体が弱かったから、人を活かすしかなかった。乾電池の製造不良に悩む工場の責任者を自宅に呼んで枕元で諭し、問題点に気づかせて本人のコミットメントを引き出し、製造工程の改革を成功させたというエピソードもある。

つねに人に教えを請う謙虚な姿勢をもっているから、衆知が集まる。社員に自分の考えをしっかり伝え、コミットメントを引き出すから、働く人たちとの間に、より高い確率で成功するイメージを共有できる。だから事業がうまくいくのだ。

会社の社長にしろ、JCの各リーダーにしろ、役職は組織から与えられている役割であり、役職が上になったからといって自分が偉くなったわけではない。

だからあくまでも、与えられた役割をしっかり果たしながら、組織のメンバーを1人の人間として尊重し、支えていくことを忘れてはならないのだ。

リーダーがそういう姿勢を忘れてしまうと、自分が偉くなったと勘違いし、立場でものを言うようになる。それでは組織のメンバーは誰もついてこない。

リーダーはそういう誤った考え方を改めるべきだ。

私自身も、社長ではあっても、原理原則から判断して自分が間違っていると思ったら、「すまない。僕が間違っていた」と、素直に謝ることのできる自分であるよう、つねに我が身を戒めている。

今、私が1人の経営者として思うのは、

「自分自身がもっと成長して力量を高め、皆を物心共にもっと豊かな人生に導けるようになりたい。皆、私についてきてくれてありがとう」

ということである。

私はつねに理想を高くもっている。だから、自分はまったく完全でも完璧でもないというのが思考・行動の前提だ。他人からの評価より、むしろ理想に対して、自分が今どの位置にいるかということを基準にしている。だからとくに意識して、「謙虚であろう」と努めているわけではない。自然体でいるだけだ。

私はそういう姿勢を貫きながら、これからも縁ある人たちと双方勝利、Ｗｉｎ－Ｗｉｎの関係を、築いていきたいと思っている。

Ｗｉｎ－Ｗｉｎの関係づくり——お互いに大切なものを大切にし合う

野並さんはまた、自身が社長を務める崎陽軒で、どんな相手とＷｉｎ－Ｗｉｎの関係を築き、コラボレーション企画を行っているかについて語ってくれた。

人はそれぞれ、「自分はこの一線だけは大事にしたい」という価値観をもっているものだ。

私は、個人としての生き方において、自分が大切にしているものを大切にする生き方を貫いてきた。それと同様に、相手の価値観を否定せず、人がそれぞれ大切にしているものを、お互いに大切にする関係を構築することを信条にしている。

だから、価値観の違う相手は、否定するのではなく距離を置いている。あえて、価値観が異なる相手と組む必要はない。この点で、私と野並さんの考え方は一致している。

私が、相手とＷｉｎ－Ｗｉｎの関係を築くかどうかを決める基準は、誠実さだ。具体的には、人に迷惑をかけない、約束を必ず守る相手であるかということだ。

そもそも、商売をすることは、お客様との約束を守ることであり、相手が求める価値以上の商品・サービスを提供するから、高い顧客満足を実現できる。相手の期待以上の満足を提供し続けるから、企業は存続することができるのだ。

だから、いつもお客様の期待を裏切るような相手と、Ｗｉｎ－Ｗｉｎの関係を築くことは不可能である。組織と組織、個人と個人のいずれにおいても、Ｗｉｎ－Ｗｉｎのパートナーになれるのは、つねに相手の立場に立ち、けっして裏切らない人だというのが、私の考え方だ。

お金の約束、時間の約束から始まり、あらゆる約束に対して高い基準を設定して生きること。それが信頼だと思う。

そういう信頼関係があって初めて、事業というものが成立するのだ。

「パワーパートナー」と共に縁ある人を幸せにし、貢献の輪を広げる

究極のＷｉｎ－Ｗｉｎのパートナーといえるのが、「パワーパートナー」という存在だ。

パワーパートナーとは私がつくった造語で、簡単にいえば、あなたが成功してもらいたいと思う

人であり、その人の成功が自分の成功だと思えるような相手のことを指す。また、あなたが幸せにしたい人で、その人の幸せがあなたの幸せになるという人も含まれる。

パワーパートナーはWin－Winのパートナーであり、お互いがお互いの願望を叶えることを、自らの願望とする関係にある。

人間とは「人の間」と書く。人間《じんかん》という言葉は、もともと「人が住む世。世間」（『学研大漢和字典』）を意味した。まさに文字に表されているように、人間は1人で生きているわけではない。

上司と部下の関係であろうと、社員と経営者の関係であろうと、2人以上の人が力を合わせて何かを成し遂げるところには組織がある。組織に共通の目的、目標があり、メンバーが共通の願望をお互いに育みながら、お互いを助け合う関係が築かれているのが理想だ。

パワーパートナーという考え方のルーツは、私が29歳のときに出会った聖書の、

「何事でも人々からして欲しいと望む通りのことを他の人々にもその通りにせよ」

（マタイ伝・第7章・12節）

という言葉にある。

社員を物心共に豊かな人生に導き、お客様の成果の創造に対する貢献を妥協なく推し進める。そうすることで、相手の願望実現を支える存在になろうという志を抱いたのも、この聖書の黄金律に

出会ったからだ。

社員たちが物心共に豊かな人生を送れることが私の幸せであり、当社がお客様の成果の創造に貢献できることが、私の喜びである。その意味で、私にとってアチーブメントの社員やお客様、そして私たちのビジネスや活動を支えてくださっている取引先、協力者の皆様は、まさにパワーパートナーだ。

社員たちは、経営者である私を信頼し、アチーブメントを自己実現の舞台に選んでくれた。そしてお客様は当社に期待し、信頼して契約をしてくださった。だから絶対に、期待を裏切らない生き方をしようと誓っている。

そしてさらに、先に述べたインサイドアウトの考え方にしたがって、貢献の輪を地域や社会、国家、世界の人々へと広げていく。

私たちは、平和で豊かな社会のなかで生かされている。私たちの先輩たちの世代が一生懸命努力してくれたお陰で今、国家というものが成り立っているのだ。誰かが仕組みをつくり、代償を払ってくれたから、今の平和で豊かな社会があることを忘れてはならない。

今の時代を生きる私たちは、自分たちのためだけではなく、子どもや孫、さらにそれに続く世代のために、よりよい社会をつくっていかなければならない。

そのために、Ｗｉｎ－Ｗｉｎの関係をつくり、パワーパートナーを増やしていくことには、大きな意義がある。

column

04

JCの取り組み

「綱領」の第4節に記されている「明るい豊かな社会を築き上げ」るために、JCが取り組んでいるのが青年会議所運動（JC運動）だ。そしてこのJC運動が目指すのは、「多様性と持続可能性がある地域社会の創造」である。

JCでは、「運動」と「活動」を明確に区別している。

「運動」とは、「特定の人や集団の考えと行動を変えるために集団で行動すること」を指す。具体的には、地域や社会を巻き込みながら、市民の先頭に立ってリーダーシップを発揮し、問題解決のためのアクションを推し進めることを言う。

これに対し「活動」は、JC内部の会議や事業に参加することを意味する。

日本青年会議所では、「地域に根ざし、国を想い、世界を変えよう。」という2020-2024 JCI JAPAN Strategic Planのもと、様々な取り組みを行っている。

JCが取り組んでいる主な運動には、子どもたちの育成、スポーツ振興、ボランティア、交流、地域特性を活かしたまちづくりなどがある。

たとえば2019年1月に開催された日本青年会議所第159回総会で、「青年会議所が日本一のSDGs推進団体になる」ことを目標とする「SDGs推進宣言」が全会一致で採択された。

これを受け、日本のJCのパワーを1つに結集し、中小企業3000社以上がSDGsの達成に向けた活動を始めることを目標に掲げ、普及・啓蒙の取り組みがスタートした。

2019年度には、2100件のプロジェクトを実施し、30億円以上の予算を獲得、200万人以上を対象にSDGsの推進を行うという成果を上げ、外務省が主催する第3回「ジャパンSDGsアワード」で「SDGsパートナーシップ賞（特別賞）」を受賞した。

また2020年度、京都府の福知山JCでは、「福知山イル未来と2020～明《あ》かき光～」と題し、同年度の福知山市における最大規模のイベントを開催。

同市は、2020年NHK大河ドラマ『麒麟《きりん》がくる』の主人公・明智光秀が築いた福知山城を有しており、観光需要も含め、全国から注目が集まることを見込んでいた。ところが、コロナ禍の影響で行政および他団体が企画していたすべての事業が中止に追い込まれた。

そうしたなか、福知山JCが立ち上がり、行政や企業、学生たちを巻き込んで、福知山城を1カ月にわたってライトアップするイベントを開催したのだ。感染対策を十分に行ったうえでイベントを実施した結果、約4万人が来場した。

また同年度、岩手県の盛岡ＪＣはマリ共和国の農村に識字教室を建設するプロジェクトを実施。盛岡市は東京２０２０オリンピックでマリ共和国を相手とするホストタウンに登録された。それをきっかけに同市は、国際都市の実現に向けて取り組みを強化している。

こうした動きを受けて盛岡ＪＣは、マリ共和国が抱える社会課題の解決に貢献するための運動を開始。貧困により同国の農村住民の教育の機会が失われ、親から子に貧困の連鎖が引き継がれているという現状を変えるため、クラウドファンディングで資金調達を行い、農村に識字教室を建設した。

「綱領」にも記されている通り、「社会的・国家的・国際的責任を自覚し」「青年としての英知と勇気と情熱をもって、明るい豊かな社会を築き上げよう」というＪＣ運動が、今も日本全国、世界各国で続けられている。

第　5　章

『文化をつくる』

リーダーには、
「あなたならできる」と
信じ抜く愛が必要

ジェイリース株式会社
代表取締役社長

第71代会頭（2022年度）　中島 士《つち》

中島 土

なかしま つち

1982年、大分県生まれ。2004年3月、中央大学卒業。同年4月、アコム株式会社（東京都千代田区）に入社。07年、株式会社拓成に入社。12年、ジェイリース株式会社（本社・大分県大分市および東京都新宿区）に入社。2023年6月に同社の代表取締役社長に就任。同社はJCのOBたちが中心となって設立され、事業用テナント賃料保証や住居物件の家賃・賃料保証などを手がける。11年、大分青年会議所（大分JC）に入会し、16年に理事長に就任。18年、日本青年会議所に出向し、国際グループ担当常任理事を務める。20年、同副会頭、21年、同専務理事を経て、22年に会頭に就任。

リーダーには、「あなたならできる」と信じ抜く愛が必要

組織は「成長と貢献のプラットフォーム」

私は、青年会議所（ＪＣ）や企業などを含め、あらゆる組織や団体は、結局のところプラットフォームにすぎないのではないかと思っています。

プラットフォームに人が集まり、様々な機会が提供され、そこに所属する人やプラットフォームそのものが成長することで、組織に関係する人や、まち、社会によりよい影響が生まれるのです。

ですから、１人でも多くの若者にＪＣというプラットフォームに参加していただきたいと心から願っています。ＪＣでしか得られない様々な機会を通じた自分自身の成長が、まちや社会に、そしてご自身の企業に、よりよい影響を及ぼしていくという好循環を生み出してほしいのです。

これから人生の経験を積んでいく若い方のなかには、自分にあまり自信が持てないという方も多いのではないでしょうか。恥ずかしながら私も、かつてはそうでした。ＪＣのなかで何をなすべきかという、自分にとっての明確なゴールをもっていなかったのです。

ましてやＪＣは、「ＪＣＩクリード」（１０８ページのコラム参照）にも刻まれているように、「人類への奉仕」を最大の使命と定義する組織です。しかし、人のために無条件で奉仕し、まちのため、社会のためという、今までしたことのない運動に取り組むよう言われたところで、以前の私のように、何から始めたらいいのかわからないという方もいるでしょう。スタートラインである「床」の上に立つことすら叶わず、「ＪＣを続けていて意味があるのだろうか」といった迷いが生じているかもしれません。

私は２０２２年度の日本青年会議所会頭として、「日本のＪＣは70年以上、国際青年会議所（ＪＣＩ）を含めれば１００年以上、無条件で奉仕を続ける文化を守り、育んできました。だからこのＪＣというプラットフォームを活用すれば、成したいことは必ず達成できます」と、申し上げてきました。

先の「ＪＣＩクリード」にもあるように、ＪＣの価値観の真ん中にあるものは「人類愛」です。つまりＪＣは、愛が前提にある組織なのです。前提とは、人が得たいと思うものでも、目的でもなく、当たり前のものとしてそこに存在しているもののこと。それを私は、全国のＪＣのメンバーにメッセージとして伝え続けてきました。

思い起こせば、私が２０１１年に大分青年会議所（大分ＪＣ）に入会した頃にやりたいと思っていたのは、ビジネスにつながる人脈と友達を得ることだけでした。

ところがその翌年、残念なことに、大分県北部に記録的な大雨が降って河川が氾濫《はんらん》。流域一帯が大規模な洪水に見舞われました。その模様をニュースで見たときは、正直、どこか遠い世界のことのように感じていました。

そんな気持ちでいたその日の夜、大分ＪＣの先輩から「明日、復旧活動に行くから準備してくれ」という電話がかかってきたのです。

正直、電話を受けて戸惑いました。これまで復旧活動に参加した経験はありません。怪我をするのではないか、大丈夫かな、行きたくないな……といったことを考えながら、準備をしていました。

そんな迷いを吹き飛ばしてくれたのは、翌朝、迎えに来てくれた先輩の使命感にあふれた姿です。そこで「今さら後には引けない」と腹を決め、被災地に駆けつけました。

被災地は目を覆いたくなるようなありさまで、流木が家に突き刺さっているなど、信じられないような光景を目の当たりにしました。水はもう引いていましたが、見渡す限り泥に覆われていました。聞くと、住宅は床上50センチメートルぐらいまで泥水に浸かっていたそうです。

ふと見ると、50人ぐらいでしょうか、あちらこちらで汗を流しながらスコップを握り、見も知らぬ人たちの家のなかを掃除し、流木を取り除き、水に濡れた重い畳を運ぶなどして、復旧活動をしている人たちがいます。

それがＪＣのメンバーだということは、すぐにわかりました。私もいつの間にか彼らに加わり、もみくちゃになりながら一生懸命汗を流していました。

その日の活動を終えたとき、私たちの前に、おじいさんとおばあさんが出てきて、おじいさんは

「ありがとう」とお礼の言葉を述べ、おばあさんは隣で手を合わせて泣いていました。

そのときに、おじいさんが話してくれた、「君たちのような若者がいれば、これからの日本は大丈夫だ」という言葉が、今も忘れられません。

私はその日、目の前で起きたできごとに、大きな感銘を受けたと同時に、ある疑問を抱きました。

「なぜＪＣのメンバーは、初めて会った人たちに対して無条件で奉仕ができて、無私の状態で、こんなにも人のために頑張れるのだろう」と。

そして帰りの車中で、復旧活動に対して後ろ向きだった自分を恥じました。

約7時間の復旧活動を通して、昨夜の自分を恥ずかしく思うようになったのです。

「価値観が前向きに変化する」

これこそがＪＣで得られる成長の根幹だと思います。

当時はうまく言語化できなかったのですが、そのとき私は、この組織は前提としての愛が受け継がれているのだと、はっきりと感じ取りました。

文化は1人ひとりの行動によってつくられる

青木社長から、「文化は1人ひとりの行動がつくり上げていくものだ」と教えていただいたことがあります。私もＪＣで、ある尊敬する先輩の話を通じて、そのことに気づかされました。

「この組織には、たしかに2代目、3代目の社長や、地域経済界の有力者もいる。しかし、ＪＣでは学歴も人脈も無関係。皆が無条件に下積みから鍛え上げられる。たとえば椅子並べのような仕事に耐え、そしてそれを面白いと感じなければ、この組織で得られる成長の機会は減ってしまう」という話です。

その先輩は、地元のブロック協議会が主催するブロック大会の準備作業のときに、たった2人のメンバーで２５００脚の椅子を並べたと言います。

このように、誰もが面倒だと思うことを、自らに動機付けして率先してやる。人に対する無条件の奉仕を喜んで実践できる人であればこそ、ＪＣの文化や、この組織がもつ真の価値がわかるのだろうと理解しました。

実際ＪＣでは、地域を支える経済界の有力者でも、いわゆるカバン持ちのような業務から始めます。「なぜ自分がこんなことをしなければならないんだ」という葛藤からＪＣの活動が始まると言ってもいいでしょう。

そういう体験を通して、人に社会に無条件で奉仕ができる人間へと成長していくのだと思います。面倒なことから逃げていたかつての私のように、ＪＣの文化がメンバーを成長させていく。つまり、体験のなかで自然と、人や社会に無条件で奉仕する意識が芽生え、そこで培った愛をまた誰かへと渡したくなるような文化をもっていることが、ＪＣの大きな価値なのです。

今こそ、理念への共感拡大が必要だ

一方、ＪＣが育んできたよき文化を継承していくうえで、まだまだ課題があるのも事実です。一番の課題は、ＪＣ会員の在籍年数が短くなり続けていることです。２０２２年度は全国の会員の平均在籍年数が４・３年になりました。４年という時間そのものが長いか短いかは別にして、この組織の理念を、自らの体験を通じて体得するには十分とは言えないかもしれません。

そこで私は会頭就任にあたり、この組織の理念や文化を、全国約３万人の会員に可能な限りわかりやすいメッセージで伝えていこうと決意しました。

１人ひとりがＪＣの理念や文化を改めて理解し行動を起こせば、理念や文化を自分自身と一体化させ、自らの成長を通じて、まちや社会によりよい影響を及ぼしていけるようになると考えたのです。もう１つ私が課題意識をもっていたのは、ＪＣの例会等で行われるセレモニーが、形骸化しているのではないかということでした。

セレモニーでは、多くの場合、国歌とＪＣソングをはじめ複数の理念を唱和します。ところが、昔の私がそうであったように、それらをただ単に呪文のように唱えている人も少なくないのではないかと、感じていました。

本来セレモニーとは、「ＪＣＩクリード」や「ＪＣＩビジョン」をはじめとするＪＣの理念を唱和しながら、自分は何のためにこの組織に所属し、何を成し遂げようとしているのかということを、改めて考え直す大切な時間です。

その大切なセレモニーが、会員歴の長いメンバーにおいても形骸化していくのではと、危機感を抱いていました。そうしたなか力を入れて推進したのが、２０２１年度に策定された「理念共感拡大グランドデザイン」プロジェクト（２０２１〜２０２５年度）の第２ステップ（２０２２年度）となる理念浸透です。

ＪＣという組織がなぜ、何のために存在し、会員であるあなたがこの組織を通じて何を達成したいのかということを改めて考え、心に深く刻み込んでほしい。そういう思いを込め、理念浸透の目標達成に向けて、２０２２年度の行動を開始しました。

第２ステップが目指す状態は、「ＪＣの理念を理解し、理念に共感したメンバーがＪＣとは何かを他者へ説明できるようになる」というものです。

このように「理念共感拡大グランドデザイン」は、手段としては会員拡大を目標にしていますが、グランドデザインの作成段階で、私たちは「会員拡大を目的化してはならない」ということに気づいていました。

会員拡大は言葉の通り、メンバーを増やしていくことではありますが、あくまで理念を追求していった先の結果にすぎません。私たちＪＣが社会に対してなすべきこと、すなわち社会から期待される役割を徹底していくなかで、理念への共感が自然に広がる。その結果、会員拡大にもつながっていくという順番でなければならないのです。

「私のストーリー」を組み込み「今のあなた」にメッセージを送る

理念浸透というフェーズで、私がリーダーとしてなすべきことは何か。

それは、自分自身が体験を通じて理解したＪＣの価値を、できる限りわかりやすい言葉でメッセージとして発信することです。

そのキーメッセージとなるものが、グランドデザインの理念の骨格をなす「人の発展と成長を信じ抜く」という考え方です。

前述の通り私自身、入会当初は、初めて出会う人たちのために、そして、まちや社会のためにいったい何ができるのだろうと半信半疑で、ＪＣ運動を始めました。しかし、ＪＣの多くの先輩たちは、そんな私の成長を信じ抜き、私のような者のために一生懸命行動してくださいました。

先輩たちのそういう姿に感化され、気がつけば私も、様々な役割を通じて挑戦し、具体的にどのようにまちや社会の役に立てるかということへ、自分自身の意識をフォーカスさせられるようになっていました。

ＪＣの会員および会員外の若者に向けてメッセージを発信するうえで、最も意識したのは、「私自身のストーリーを組み込む」ということです。私がトップリーダーとして大上段に構えて「愛が大切だ」とか「あなたに成長の機会を提供します」と話しても、あまり届かないのではないでしょうか。そこで、ＪＣの活動や運動を通じて得た人との出会いのお陰で、私自身がどう変化を遂げたのか、そしてこれまでいただいた役割のなかでどんな挑戦をし、成長してきたのかという実体験を、ＪＣの理念と紐づけて伝えるよう心がけました。

冒頭でお話しした、大分県北部の洪水被害の復旧活動のエピソードもその1つです。

このように、自分自身のストーリーを組み込むという手段を活用しながら、メンバー1人ひとりの現状を想定し、「あなた」という存在に届けるというイメージでメッセージをつくり、発信していきました。「ＪＣのメンバーは今、こんなことで悩んでいるのではないか。こんな壁に突き当たっているのではないか。だとすれば、このタイミングでこんな言葉を届けたらいいのではないか」と、1人ひとりが運動している姿を思い浮かべながらメッセージを発信したのです。

日本ＪＣは、全国的運営の総合連絡調整機関としての役割を果たし、その内部の組織として全国の地区・ブロック協議会があり、そして、各地青年会議所が地域に根差した活動や運動を行うという組織構成になっています。

日本ＪＣの運動は、毎年ほぼ同じスケジュールで進行します。前年度に立てた計画をもとに、様々な運動を起こして成果を出し、7月にサマーコンファレンスを開催。そして8月以降は、次年度のチームがスムーズにスタートを切れるよう、業務を受け渡していく段階に入ります。

そこで私は、以前の自分だったらこの時期にこんなことで悩んでいたとか、こんな壁に突き当たっていたということをイメージしながら、全国のＪＣ会員に向けて情報発信を続けました。私自身、悩み、壁にぶつかることばかりだったので、イメージしやすかったのです。

たとえば4月は、よりよいまちづくりのための運動の展開に向けて、議案づくりに拍車がかかる時期です。そこで「今、議案に向き合うあなたへ」をテーマに動画メッセージを発信しました。

また5月には各地のJCで、次年度のリーダーや各役職の選出に向けた動きが少しずつ始まります。そこで「次年度、リーダーへの挑戦に悩むあなたへ」と題する動画メッセージを配信しました。過去に配信した動画は、今でもYouTubeに残っています。

もう1つ、私が意識して発信したメッセージは、一緒に「幸せを生み出し続ける装置」をつくろうということです。


「こんな厳しい時代の中でも、JCに所属し、まちを少しでもより良くしようと力を尽くすあなたは、故郷にとって尊い存在です。地位や名誉もかなぐり捨て、真心をもって世のため人のために汗を流すあなたこそ、まちの名も無きヒーローです。

1度だけの人生をどう生きるべきか、一緒に考えましょう。

そして、『幸せを生み出し続ける装置』をつくり出すために、一緒に行動を起こしましょう」

（2022年度　会頭所信）


JCは単年度制で、会頭はじめ各役職のメンバーの顔ぶれも毎年変わります。だからこそ年度を超えた、よりよい影響を生み出し続ける「装置」のような仕組みが重要だと考えました。それはメッセージでも同じです。私が多くの皆様と共に経験させていただいたストーリーを、ＪＣの理念に近づけ、可能な限り普遍性をもたせ映像として残すことを心がけました。

その際お伝えしたのが、「あなたなら必ずできる」というメッセージです。

けっしてこれは、口先だけの言葉ではありません。ＪＣメンバーであるあなたには、ＪＣという社会をよりよくし、「幸せを生み出し続ける装置」がある。これを使えば、あなたなら必ずできる。ＪＣの理念のもとに活動・運動することを通じて、あなたの人生がより豊かなものになり、幸せをつかむことができる、といった思いを込めています。

皆様１人ひとりとの出会いのおかげで、私もできると確信することができたのです。

よき文化の継承・発展のためにリーダーが心すべきこと

申し上げるまでもないことですが、文化は１日で築き上げられるものではありません。

ですからまずリーダーが、これまで自分たちの先輩が育んできた文化とは何かをしっかり理解したうえで、長期的な視点でこの組織にふさわしい文化、あるべき文化を築き上げていく必要があります。

青木社長は、「たすきをつなぐ」と表現されていましたが、まさしく駅伝のたすきのように、文化を育むという世代を超えた大きな事業を、自分の後を継ぐリーダーにつないでいくという役割と責任をまっとうする覚悟から、すべてが始まるのです。

もし私が昨年、日本青年会議所の会頭として「これからはビジネスだけに重きを置き、ＪＣでどんどんつながっていこう」とか「これからは組織から報酬や必要経費をもらいながら、運動していこう」と宣言していたら、どうなっていたでしょう。

当然会員の皆さんから、大きな反発を受けるでしょう。しかしそれ以上に、これまでＪＣが守り育んできた、若者に「無条件で人に奉仕できる機会」を提供する文化を壊すような方針は、この組織にはなじまないと思います。

これはＪＣに限らず、あらゆる組織に当てはまることですが、求められているのは、自分たちの組織がこれまで育んできた文化を、これからどのように育てていくのかという方法論と戦略論です。

まずリーダーは、自分たちが守るべき組織の文化は何で、変えるべき文化は何かということをよく考えなければいけません。私自身がその判断基準にしているのは、「それが組織の最上位目的にかなっているかどうか」ということだけです。

ＪＣでいえば、ＪＣＩミッションにあるように「リーダーシップの開発と成長の機会を提供」することで、メンバーの発展と成長を促しリーダーを生み出していく。そして、ＪＣの運動を通じて、まちや社会を具体的によりよくしていくことが最上位目的です。それにそぐわないものは、どんどん変えていく必要があると思います。

「手段の目的化」と上意下達の文化を改革

ところが、これはどんな組織にもあることですが、最上位目的を達成することよりも、その手前のプロセスあるいは手段が目的化してしまうということが、往々にして起こります。そして残念ながらそれは、ＪＣでも見られることです。

これから何かに取り組もうとするとき、目的を理解したうえで、その達成のための手段をどう実行していくのかということは、戦略上、きわめて重要なことです。ところが、その「手段を達成」することが目的化してしまっているケースが、意外と多いのです。

たとえばＪＣの三信条である「修練」「奉仕」「友情」によってメンバーの発展と成長を促すことの目的は、まちや社会によりよい影響を及ぼしていくための「運動を起こす」ことです。

つまり、修練はあくまでもそのための手段。ところが残念ながら私自身も、目的ではない、手段である修練そのものが目的化している場面に、何度も遭遇しました。

たとえばＪＣメンバーの皆さんでしたら、何日もかけて一生懸命つくった議案が、会議の席でいきなりはねられてしまうシーンをご覧になったことがあるのではないでしょうか。このとき問題なのが、ゼロベースで一から考え直してくるようにと言われるだけで、どこがよくないのかがわからないことです。

もちろん本人が主体的に考え、運動を起こせるようになるのは大事なことです。議案をつき返され、それでも自分なりに一生懸命考え、やっと議案が受け入れられたとき、本人は壁を乗り越えられたという成功体験を得るでしょう。

しかし私は、この方法で、本来の目的である「まちや社会を具体的によくする運動をつくる」ということを、合理的、効率的に達成できたかというと、疑問を感じます。

会議に提出される議案について、みんなでどんどん意見やアイデアを出し合いながら、内容をさらに向上させ、よりよい運動をつくることにフォーカスすべきだと思います。ディスカッションを通じて、どこをどうすればよりよい議案になるのかがわかれば、議案の内容もより洗練され、その結果、より高次元の運動に到達するはずです。

ところが、自分で考えさせるという修練の部分に重きを置きすぎて、それができない場合があるのです。

心の底からは納得できていないけれど、上長が言うから仕方なくやるしかない、といった環境をつくってしまったら、1人ひとりが能力を発揮するのは難しいでしょう。

ましてやJCでは、誰からもお金をもらわずに、自分の志1つで挑戦していくのです。JC運動も「自らやりたくて仕方がない。楽しくて仕方がない」と思えるからこそ、メンバーはより能力を発揮してくれるのだと思います。

そこで私は、2022年度の方針として、権限委譲の強化を打ち出しました。

JCにはまだまだ上意下達の文化があり、そこにも課題を感じていたからです。

これは私の能力不足によるところが大きかったと思うのですが、大分JCの理事を務めていた頃、意思決定をしなければならないときに「上長はどう考えているのだろう」と、いわゆる忖度《そんたく》を働かせてしまうようなところがありました。

こうした文化を変えるには、メンバー1人ひとりが楽しみながら、自由闊達《かったつ》に、能動的に自ら運動を起こし続ける組織に進化しなければなりません。そのために、多くの人から意見を聞き、JCの組織を挙げて推進したのが権限委譲です。

日本青年会議所でいえば、副会頭を中心にして各グループで方向性を決めてもらったら、そのまま走っていってもらう。その責任は私が取る、というように仕組みを改めたので、2022年度に私自身が決めたことは、それほど多くありません。

その結果、「自分で意思決定できて楽しかった」「スピード感があり、やりがいがあった」という声を多くいただけたので、一定の成果を上げることができたのではないかと思います。

相手の願望を理解しなければ、思いは伝わらない

理念の浸透を図り、文化を築いていくことはまさに苦労の連続で、私自身も数多くの失敗をしてきました。

「JCには、まちや社会をよりよくする運動を起こす組織であってほしい」という強い思いから、

私はある会議に提出された事業計画に対して、「それで本当にまちや社会がよりよくなるのか」と少し厳しく意見を言ったのです。

その結果、起こったのは反発だけでした。最終的にその事業計画は、私が意見を述べた方向には進みませんでした。

なぜこうなったのかを分析したところ、私は自分が伝えたいことを、伝えたいままに言葉で発していたのだと気がつきました。

自分の言葉をメンバーがどう受け止めるのか、ということをまったく考えておらず、「伝える」ことばかりを考えて、「伝わる」ことを意識していませんでした。だからお互いに、残念な形で着地してしまったのだと思います。

ひとくちに理念や文化といっても、メンバー1人ひとりの捉え方には違いがあります。だから、自分の言葉がきちんと相手に伝わり、心に届くことを意識し、言葉を選ぶ必要がある。そのうえで、「最終的にJCを通じて、まちや社会をよりよくしたい」、あるいは「幸せになりたい」という、1人ひとりの願望実現につないでいかなければならない。

それが、私が失敗から学んだことでした。

私が具体的に心がけたのは、相手が欲しているものは何かを理解することです。それはメンツかもしれないし、役割や役職に基づくステータスかもしれません。それが是か非かは別として、相手が欲しているものは何かを理解しないまま、自分の投げたいボールだけを投げていたのです。だから失敗したのです。

剛速球を投げるのであれば、相手にそれを受け取れる力があるのか。また、相手が受け取れる、あるいは受け取りたいボールは何なのかを考えることが、最も大切だと学びました。

JCの卒業生たちが「まちをよりよくする」ためにつくった会社

私は本業で、事業用テナント賃料保証や住居物件の保証関連業を手がけるジェイリース株式会社（本社・大分市および東京都新宿区）の代表取締役社長を務めています。

たとえば居住物件の場合、何らかの理由で入居者様からの家賃のお支払いが滞ることがあります。その際、家主様は当社のサービスを通じて、家賃の立替え払い（代位弁済）を受けられます。家賃保証サービスをご利用いただき、当社が信用を補完させていただくことで、入居者様はよりスムーズに賃貸契約ができるようになるなど、成約率や入居率の向上も期待できます。

事業用テナント賃料については、「J－AKINAI」という事業用賃料保証サービスが好評をいただいています。通常、事業用テナントを契約する際、借主様は初期費用に敷金・保証金等として家賃の数カ月分を前払いする必要がありますが、当社のサービスをご利用いただくと、借主様の初期費用負担を大きく減額させることができます。

当社は2004年に、私の父（中島 拓《ひらく》代表取締役会長）を含め、JCのOBメンバー約50人が集まってつくった会社です。メンバーはそれぞれ本業をもっていましたが、本業プラスアルファで社会のためになるような仕事を、仲間同士で行いたいという思いからスタートしました。

どの分野で起業しようかと考えた際、衣食住の3つのなかで、住環境をテーマに社会課題に対してアプローチできないかと思い至ったそうです。当時は「無縁社会」という言葉がメディアに登場し、家に住もうと思っても保証人になってくれる人がおらず、なかなか住めないという社会課題が顕在化した頃でした。住まいは人間の自由の根幹です。そこで、住にまつわる社会課題をビジネスとして解決できたら、社会の役に立つのではないかと考え、設立されたのが当社です。

当社の未来ビジョンは、「信用を保証して安心を生み出し、誰もが『自分の人生をまっとうできる社会』をつくる」と非常にシンプルです。

また、企業理念は次のように定めています。

「私たちは、
社会の安定と発展に貢献する責任を自覚し、
公正かつ誠実な企業活動を基盤とした
創造的なサービスの提供を通して、
全社員と私たちに関わるすべての人の幸せを追求します。」

企業理念の中心は、「全社員と私たちに関わるすべての人の幸せを追求します」という考え方です。「自分たちはなぜ、何のために仕事をし、この会社を社会に存在させて頂いているのか」という経営の目的を定めた状態で、会社をスタートすることができたのも、JCでの学びのお陰だと思います。

先に紹介したビジョンは、この経営理念の浸透を図るため、2年前に改定したものです。私が座長となって35歳以下の社員からプロジェクトメンバーを公募し、毎週のように、私たちはなぜ、何のために働くのか、当社は何を成し遂げたいのかを議論し続けました。

その結果、最終的にできあがったのが先のビジョンです。みんなで1つのビジョンをつくり上げたということが重要なのです。社長である父や副社長の私が、「当社はこういう会社だ」と言ってしまえばいいのかもしれません。でも社内公募を行い、みんなが納得して参画できるプロジェクトという形でビジョンを策定できたのも、JCで民主主義のあり方を学んだからだと思います。

また、この4月に人事制度も大幅に改定しました。まず、全社員の平均年収を約16パーセント引き上げ。そして休暇制度も大きく変え、社員1人ひとりが自分のライフスタイルに合った働き方を選択できるようにしました。

会社としては、より優秀な人材を確保して活躍の機会を提供し、社内の流動性を高めたいというのが、人事制度改革の1つの目的です。

でも、最も重要なことは、私たちが、人事制度改革という手段を目的化しなかったことです。先にも述べた通り、手段の目的化が起こると、最上位目的への到達が難しくなります。あくまで、わが社が何のために存在し何を成し遂げたいのか、という最上位の経営目的の達成に、より近づくべく、２年をかけて人事制度を改革したのです。

私たちが、今回の人事制度改革によって成し遂げたかったのは、まさに経営理念の中核である、「全社員と私たちに関わるすべての人の幸せを追求する」ということでした。

お陰様で当社は、今年で設立20年目を迎えます。社員たちと一緒に、よき文化づくりに向けて一生懸命に取り組んでいるところです。もっとよい「床」をつくるために、努力を続けていかなければなりません。

「前人《ぜんじん》木を植え、後人涼《こうじんりょう》を得る」——ある先輩のひとこと

冒頭でお話ししたように、私はＪＣ入会当初は、とくにやる気もなく、何か仕事につながればいいと思っていたタイプでした。

ＪＣに入会して間もない頃、ある先輩が、ＪＣとは何かを私たちに講義してくれる機会がありました。会場の一番後ろに、目立たないようにして座っていたらその先輩が、「そこの体が大きい君、一番前に来なさい」と言って私を呼びました。

一番前で聞けと言われるのだろうと思ったら、その先輩は「今から私のパワーポイントを操作してくれ」と言うのです。

その先輩とは初めて会ったばかりで、講義の内容も知りませんでした。戸惑いながらパワーポイントの操作を始めたのですが、当然、タイミングがまったく合いません。しかもパソコンがフリーズするというトラブルにも見舞われました。私は緊張で顔が真っ赤になっていたと思います。ところが講義が始まり15分ぐらい経った頃、だんだんと息が合ってきて、先輩の話の進行に合わせてスライドを送ることができるようになったのです。

40分間の講義が終わると、先輩は私のところにやってきて、私の手を握り、「君のおかげで、今までで一番よい講義ができたよ。ありがとう」と言ってくれました。

単純な私は、そのひとことが嬉しくてたまりませんでした。

昨年、私は日本青年会議所の会頭という役割を通じて、全国各地でパワーポイントを操作しながら講演をする機会をいただきました。そうやってパワーポイントを使って講演するようになり、私はその先輩の気持ちをようやく理解できるようになりました。

パワーポイントの操作自体は、自分でやるぶんには難しいことではありません。でも、初対面の人に任せるのは、とても不安です。それでも先輩は会場で、ちょっと面倒くさそうにしている私の姿を見逃さず、成長の機会を与えてくれたのです。

今回の対談で青木社長から「恩送り」という言葉をうかがい、真っ先に思い出したのがこのエピソードでした。

きっとその先輩も、JCの先輩にそうやって育てられたのでしょう。そして、JCの活動や運動にあまり一生懸命に取り組んでいなかった私に対してですら、機会を提供し、成長すると信じ抜いてくれたのです。だから私も同じように、自分が受けた恩をJCのメンバーに送っていこうと思うようになりました。

その先輩が講義で話していた、「前人木を植え、後人涼を得る」という言葉が忘れられません。先人たちが木を植えてくれたから、あとに生きる私たちがその木によって涼を得られるのだと教わりました。

「君たちはJCを通じて、あとに生きる人のために木を植えるんだ。前人となるんだ」と、パワーポイントを操作している私の目の前で、熱っぽく語る先輩の姿に感銘を受けました。

あとで聞いたら、その先輩も、以前ある先輩からその言葉をいただいたそうです。

やはりJCという組織の文化は、自分たちが受けた恩を、後進たちに送っていくことで受け継がれているのです。その前提には愛があり、愛が受け継がれていくたびに、また新しい形で成長の機会が提供され続けていく。私はそう信じて疑いません。

組織の文化は「行動言語」で築かれ、継承されていく（青木 仁志）

リーダーは行動で語り、理念を伝えよ

今回の対話で中島さんが話してくれた、大分県北部で起きた大規模洪水における復旧活動のエピソードは、非常に感動的だった。

中島さんを含むＪＣのボランティアたちは、懸命に、被災した家屋のなかを埋め尽くす泥を取り除き、あちこちに散乱している大量の流木や岩を片付けた。

被災現場に自主的に駆けつけ、黙々と復旧活動を続ける地域の青年たちの姿を見て、おじいさんは手を合わせ、おばあさんは隣で泣いていた。家が大量の土砂に埋め尽くされた悲惨な光景を目の前にして、老夫婦２人ではどうすることもできず、途方に暮れていたはずだ。

こうした、見ず知らずの人たちのため、社会のために何の見返りも求めず役立とうとする行動こそ、無償の愛といえるものだろう。その行動自体に愛があふれているのだが、中島さんはけっしてそういう言い方はしなかった。

私はそれが、青年会議所が長年大切にしてきた、「JCIクリード」に記されている「同胞愛（brotherhood）」、わかりやすくいえば人類愛だと思う。

自分たちが住む地域はもちろん、日本、世界で今も多くの人々が困っている。それに対して、言葉だけでなく具体的に行動を起こし、支援の手を差し伸べる。そういうJCメンバーの気高い志というものが、人類愛という言葉に集約されている。

そして実際に、まちや社会をよくする運動を起こし行動することが、まさにJCにおける人材育成、能力開発そのものなのだ。

JCは、こうした実体験を通じて人が育っていく組織である。だからアチーブメントも、日本青年会議所の賛助企業の1社に名を連ねている。

中島さんが昨年、日本青年会議所会頭として一貫して伝えてきたものは、大きな視野でいえばその人類愛である。仏教的な言い方をすれば「利他」と言ってもいい。もっと身近な感覚でいえば、思いやりや優しさであり、さらには、「みんなにとってよいこととは何か」という問いかけでもあったのだろう。

究極的には、人生の目的とは「幸せになること」にある。だから中島さんは、「どうすれば私たちは人々が幸せに生きられる理想の社会を実現できるのか」という高い次元に立ったメッセージの発信を行った。

そして、「みんなが幸せに生きられる社会を実現するために、私たちが暮らし、生かされている地域社会に対して、具体的にどんな貢献ができるのか」と問い続けてきた。

そうやって約3万人のJCメンバーにメッセージを発信し、持ち前の行動力を発揮して各地青年会議所の役員やメンバーたちと直接対話を重ねた。

単なる言葉で伝えたのではない。「行動言語」で伝えたのだ。

言葉で語るだけのリーダーを、人は信じない。ましてや、伝えようとするものが愛、人類愛である。だから、中島さんはそれがどういうものかを、行動によって伝えていった。それが組織を動かしたのだ。

中島さんのリーダーシップの本質にあるものは、そういう卓越した行動力である。

中島さんはメッセージの発信や対話を重ねる一方、いわば「戦略→戦術→戦法」という階層にしたがって、2022年のJC運動の具体的なアクションプランを定め、実行していった。

これは、本書の第1章でも紹介した、理念から実践まで一貫性がある生き方をする「アチーブメントピラミッド」の考え方と、大きく重なるものがある。

私は、「JCIクリード」に示されているJCの最も基本的な理念を、概念に留めることなく、実践によって表現し実現しようとしたのが、日本青年会議所会頭としての中島さんの活動だったと受け止めている。

文化とは、皆がよって立つ「床」である

本章のテーマは、「文化をつくる」ということである。組織の文化とは何かということについて、定義は様々だ。たとえば「組織心理学の父」と呼ばれるエドガー・H・シャインは、「文化は組織を結束させる『糊』である」（E・H・シャイン『組織文化とリーダーシップ』〈白桃書房〉）と述べている。

前述したように私は、文化とは「床」のようなものではないかと考えている。

今あなたがいるオフィスには床が敷かれている。その上に机も椅子もあり、あなた自身もその床の上で仕事をしている。フロアのどこにいても、あなたはもちろん、組織のメンバーは同じ床の上を歩いている。

それと同様に、メンバーが組織のどこにいても、同じ価値観をもって考え行動することを支える「床」が、文化なのだ。

対話のなかで中島さんは、会頭として全国のLOMに足を運び、「あなたなら必ずできる」というメッセージを発信し続けたというエピソードを語ってくれた。

つまり中島さんは、JCという組織全体に「あなたなら必ずできる」という「床」を敷いていったのだ。

言語化するのはたやすくないが、日々の運動や活動を通じ、自分たちの手で「まちや社会をよく

したい」という志が自然と芽生え、それをまた誰かに渡したいと思えるような文化が、ＪＣにはある。それがＪＣの持つ文化の力であり、ＪＣの価値なのだ。

「文化」という言葉を辞書で調べると、「(culture) 人間が自然に手を加えて形成してきた物心両面の成果」(『広辞苑』〈岩波書店〉)、「社会を構成する人々によって習得・共有・伝達される行動様式ないし生活様式の総体」(『大辞林』〈三省堂〉)、「人類の理想を実現していく精神の活動」(『世界大百科事典』〈平凡社〉) などと説明されている。

本章との関連性でいえば、私は「人類の理想を実現していく精神の活動」という言葉が、「文化」の解説として最も適切だと考える。

ＪＣには、「青年としての英知と勇気と情熱をもって明るい豊かな社会を築き上げよう」という志を記した綱領がある。この綱領のもとにＪＣが手がける「まちや社会をよくする運動」は、まさに「人類の理想を実現していく」ための取り組みそのものだ。

組織は個人の集合体だから、リーダーはよき文化をつくり上げていくうえで、組織を構成するメンバー1人ひとりの物心両面の豊かな人生、あるいは働きがいややりがいというものを、どう実現していくのか、考えなければならない。

つまり、ＪＣの運動においても企業活動においても、リーダーにはまず、私たちは社会のなかで何のため、誰のため、なぜそれに取り組み、どこに向かっているのかという目的やビジョンを明確に示す能力が求められている。

2022年のJCは、中島さんが会頭として発信し続けた「あなたなら必ずできる」というメッセージに動かされ、全国のJCの役員はじめ会員たちが一致団結し、1つの方向に向かって進んでいった。

JC運動の最大化に向けた「運動プラットフォーム」も同年度に新たに構築し、「幸せを生み出し続ける装置」をつくり出すために1年間走り続けた。そして中島さんは会頭の任期を終え、2023年会頭の麻生 将豊さんにバトンを渡した。駅伝のようにリーダーシップのたすきを麻生会頭につなぎ、JCを卒業したのである。

文化をつくるということは、目的に回帰することである

組織の文化には、守り続けるべきものと変えるべきものがある。中島さんは、守るべき文化と変えるべき文化の判断基準を、「それが組織の最上位目的にかなっているかどうか」に置いた。そして、「手段の目的化」および上意下達の文化の改革に着手。

これはシンプルに、目的への回帰ということになると思う。目標と目的はよく混同されるが、ゴール（目標）の前にパーパス（目的）がある。目の前の目標をいかに達成するかより、その先のパーパスに目を向けて、メンバーの心をまとめ上げていくことが大切だ。

私はこれまで36年間、「縁ある人を幸せにする」ことを目的に経営を行ってきた。そのなかで、

人が内側から動機付けられて育つ組織文化を大事にしてきた。

人は目的によって動かされる。だから、リーダーがどんな「錦の御旗」を掲げるかが非常に重要で、それが組織をよりよい方向に導くための大前提となる。

中島さんが会頭として一貫して発信し続けてきた、「幸せを生み出し続ける装置」を一緒につくろうというメッセージがまさにそれだ。

私がアチーブメントの組織文化づくりにおいて大切にしてきたことと、中島さんが発信し続けてきたメッセージには共通のポイントがある。

それは「ウェルビーイング（well-being）」だ。

ウェルビーイングとは、人が「健康（healthy）で安心し（comfortable）、かつ幸せだ（happy）」と感じる状態をいう。「well-being」は「happiness」も含む、より広く、高い次元の概念だ。

ある意味、ＪＣの運動が究極的に目指しているものは、このウェルビーイングではないだろうか。それも、今の時代に生きる私たちだけのウェルビーイングではなく、これからあとに続く世代が「より健康で安心でき、かつ幸せだ」と感じられる状態。それを、どうすればつくり出せるかが問われているのだ。

ＪＣに限らず、世のため人のために役に立ちたいという志をもつ次世代のリーダーには、ぜひこの視点を大切にしていただきたい。

それは具体的にいえば、短期と長期のバランスを取ることだ。

今だけウェルビーイングな状態であってもいけないし、未来のウェルビーイングのために今を生きる人たちに犠牲を強いることも、できる限り避けなければならない。だから私は、まず現時点でのウェルビーイングを達成することを目指しながら、将来のウェルビーイングを実現するための種をまいてきた。

たとえばアチーブメントなら、今の時点で可能な限りウェルビーイングな状態をつくり、人が内側から動機付けられて育つ組織文化を築き上げる。

そのなかで、「縁ある人を幸せにする」という経営目的を実現するために、1人ひとりが自律的に目標達成のために行動する。その結果、社員は物心両面で豊かな人生を手に入れ、会社は発展し、社会、そして世界へと貢献の輪を広げていく。

こうして、現在だけでなく将来にわたり、ウェルビーイングな状態が永続する体制を築き上げることを目指してきた。

そのためにアチーブメントでは、「上質の追求」にこだわり、それを企業理念に掲げた。

かつてのような大量生産、大量消費の時代はすでに過去のものである。そこそこの品質の商品をたくさんつくれば、たくさん売れるということも、少なくとも国内ではなくなった。質を徹底的に追求していくことによってしか、量も生まれないという厳しい時代を迎えて久しい。

商品やサービスの質を徹底的に追求し、厳しい競争に勝ち抜くためには優れた人材の存在が欠かせない。そこそこの人材をたくさん集めたからといって、量で質を補完することは不可能だ。

だからこそ、われわれの経営の目的、活動の意義を本当に理解し、理念に共感した人財が力を発揮でき、優れたリーダーに成長していける。そんなしっかりした「床」が重要になる。

これはJCでも同様だ。約3万人の会員たちが無報酬かつ手弁当で、地域を思い、国を思い、世界に思いを馳せて日々運動を行っているのだ。単年度制で1年ごとに運動の内容や役職は変わっても、約3万人のエネルギーを結集し、よりよい地域、よりよい日本、よりよい世界をつくっていこうという運動に74年間取り組んできたという事実に大きな意義がある。

それを支えてきたのが、人が内側から動機付けられて育つ文化だろう。中島さんは会頭として、自らの行動を通じて、JCが大切にしてきたよき文化をより高め、継承するために力を尽くしたのだ。

魚は水清きところに棲む――「水槽理論」

私は、組織を運営する仕組みは「水槽」にたとえられると思う。

水槽の水が腐敗すれば魚（＝組織のメンバー）は病気（＝モチベーションの低下）になり、水質（＝組織風土・組織文化）はさらに悪化していく。

つまり、よき文化はよい「水質」である。よい「水質」のなかなら組織のメンバーは育つが、悪い「水質」のなかではやる気を失い、組織から活力が失われていく。

中島さんは対談のなかで、ある尊敬する先輩が、広いイベント会場にたった2人で2500脚の

［ 水槽理論 ］

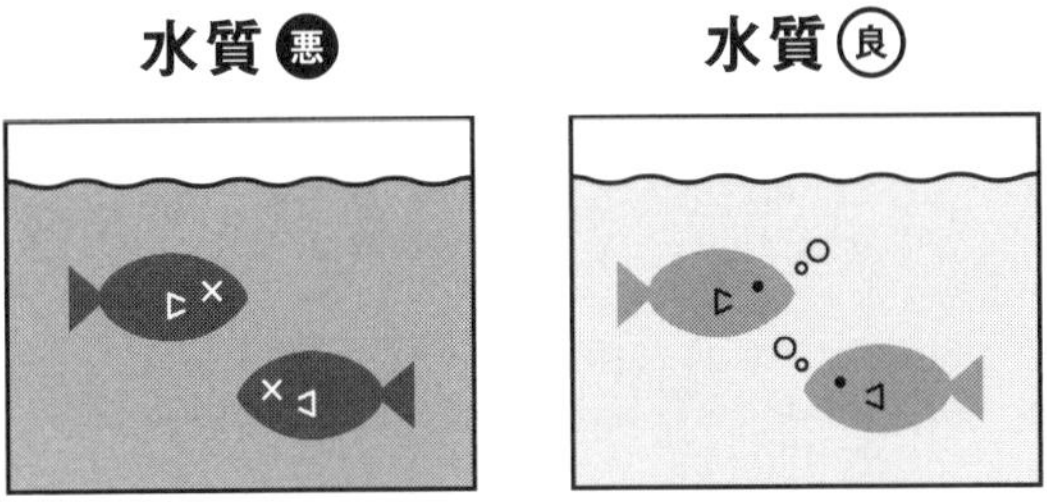

病気の魚を治療することはできても、
水質が悪ければまた病気になってしまう。

魚 →**組織のメンバー**

水質 →**組織風土・組織文化**

椅子を並べたエピソードを紹介してくれた。

その先輩は、2代目、3代目の社長や、地域経済界の有力者でも、「たとえば椅子並べのような仕事に耐え、そしてそれを面白いと感じなければ、この組織で得られる成長の機会は減ってしまう」と話したという。

人は地位や役職などによって、自分は偉いと勘違いしがちな生き物である。だがそれはまったくの錯覚で、この世に偉い人など存在しない。自分は偉いと勘違いしている人が存在するだけなのだ。

しょせんリーダーとしての地位も役職も役割であって、自分が偉いかどうかという評価は自分で下すものではない。組織はもちろん、地域や社会にどれだけ役立っているのかという実績と人となりを見て、周囲の人々が判断するものだ。

リーダーがそのことを忘れ、地位や役割を自分の実力だと勘違いし、権力を振りかざすようになると、たちまちのうちに組織は腐敗し、メンバーのやる気が失われ、文化はよどんでいく。

だからこそ、会社に戻れば社長であっても、地域経済の有力者であっても、広い会場に黙々と椅子を並べることが普通にできる、よき文化が組織に生きていることが大切なのだ。その先輩は自らの体験を通じて、そのことを教えてくれたのだろう。

そして、文化をつくる、「床」を敷くということは、メンバーが組織のなかで力を発揮し成長するための前提だ。

利益中心、お金中心の文化なら、組織のメンバーは利益追求、お金を儲けることを前提に行動するだろう。一方、メンバーが内側から動機付けられて育つ文化であれば、1人ひとりが自律的に行動し、目標達成を通じて組織の目的を実現することに、大きく貢献してくれるはずだ。

リーダーは、その前提が生まれるためのさらなる前提として、まず自分自身が日々、動機善で行動しているか、問われていることを忘れてはならない。

組織はリーダーの力量、志以上のものにはならない。自分自身や組織の損得を優先し、自分たちが手がける事業や運動の大きな目的を見失ってはいないか。言葉だけでなく本気で、世のため人のためと思うことができているか。

本書で私が繰り返し述べてきたように、志から行動まで一貫性のあるリーダーの生き方が重要なのは、それが組織文化の形成に大きく関係するからだ。

行動を通じて教わり、気づかされた大切なもの

とはいえ私自身もそうだが、中島さんも、JC入会当初から世のため人のためと思って活動や運動をしていたわけではなかった。

私は今年、社会に出てから51年目を迎えるが、そのスタートは鉄工所の工員だった。歩合制セールスの世界でトップセールス、トップマネジャーへと上り詰めたあと、1987年にアチーブメントを設立した。

今のように、大企業にも入れるような優れた人財が、当社を生涯の自己実現の場に選び、「縁ある人を幸せにする」という経営目的の実現に向けて、共に努力してくれるようになるとは想像すらしていなかった。

中島さんは、自身がJCに入会したのは、ビジネスにつながる人脈と友達を得るためだと言っていた。私が17歳で高校を中退し、北海道の実家を出て、東京で鉄工所の工員になったのは、幼くして生き別れた実母を捜すためだった。

まずは、溶接工見習いとして生活の糧を得ながら、私が3歳のときに家を出ていった実母を捜そうと考えたのだ。

そうしたら、私が実家を出たことを聞きつけた実母が、私を捜してくれた。

実母は、私が祖父に宛てた1枚の葉書の消印を頼りに八王子市内を捜し回り、半年をかけて、鉄

工所で働く私を捜し当てた。

実母と再会し、初めて、親の愛というものを理解した。私が東京のどこにいるのか皆目見当もつかないなかで、半年も捜し続けてくれたのだ。

何の確証もないことを、ひたすら信じて行動を取り続けられるのは、愛ゆえである。

この世に自分を必要としてくれている人がいて、自分はこの世に存在する意義があることを、このとき初めて実感した。

あのとき、実母が私を捜し出してくれたことで、私は救われたのだと思う。私は捨てられたのではない、自分には価値があるということを初めて理解した。

そこから、私の人生の旅が始まった。

そんな幼少期の体験をきっかけに、私は今の子どもたちに対して、何のため、誰のために、なぜ自分は生きるのかという人生の意義や目的を自覚できるような教育が必要だと考えるようになった。

そして今、私は人財教育や中小企業経営者への指導者教育などに携わる一方、超党派の国会議員と民間有識者からなる教育立国推進協議会の会長代行として、教育改革に向けた政策提言を行っている。

中島さんにも、水害被害の復旧活動を通じて、人に無条件で奉仕するＪＣの文化の価値を教えてくれた先輩がいた。また、講演の会場で初めて出会った中島さんにパワーポイントの操作を任せ、人の成長を信じ抜くとはどういうことかを、行動で教えてくれた先輩もいた。

ＪＣＩクリードやＪＣＩミッション、綱領などに文字で書かれていることを、実際の行動で教えてくれたのがＪＣの先輩たちだったということになるだろう。

理念は言葉だけで伝わるのではない。それを体現しているリーダーの行動を見てメンバーが学び取り、文化として定着していくのだ。

行動から学び取った文化を次の世代に送る

その意味で、初対面の中島さんにパワーポイント操作を任せた先輩が話していた、「前人木を植え、後人涼を得る」という言葉は、文化を継承していくうえでも非常に示唆に富む。

「前人木を植え」とあるが、木を植え、育てるのはなかなかに大変なことだ。でも、木を植え、大きく育ててくれた先人がいたからこそ、あとに続く私たちが木陰で涼を得てくつろぐことができる。

これと似た言葉に、「飲水思源《いんすいしげん》」という故事成語がある。水を飲む人は、その水の源に思いを致せ。つまり、先人の恩を忘れるなということだ。

私はこの言葉を座右の銘にしている。「前人木を植え、後人涼を得る」という言葉も、「飲水思源」という言葉も意味するところは同じだ。

これは、かつて歩合制セールスの世界で伝説的なセールスマンとして知られた私の恩師・夏目志郎先生から教わった言葉だ。

夏目先生から私は、「豊かな人生より、豊かな人間になることを求めなさい。なぜなら、豊かな人間こそが豊かな人生を歩むことができるからだ」とも教わった。

私が20代のときに教わったこれらの言葉が自分の根本的な価値観となり、人生を豊かなものにしてくれた。

私は今年で68歳になる。かつてお世話になった人々から受けた恩を返すことは、もちろん大切だ。だが私は、恩返しをする一方、自分に残された時間のなかで、これからの社会の担い手である若者たちに恩を送っていく、「恩送り」の人生を歩んでいきたいと思っている。

日本は二千数百年の歴史のなかで、戦争や戦乱、自然災害などにたびたび見舞われてきた。数々の悲劇のなか、名もない草莽《そうもう》の民が立ち上がり、この社会、国を再興させるために懸命な努力を重ねてきたのだ。

先人たちのお陰で今がある。今、私たちが暮らしている豊かな社会や文化も、先人たちの努力がなければ、存在しなかった。

私はある意味、本当に平和で、最もよい時代を生きていたのかもしれない。

だがそれだけに、私たちの後輩、子どもや孫、ひ孫の世代になっても、日本が本当によい国であり続けるために、「捨て石」にならなければならないとも感じている。

私たちはこれまで、先輩たちから大きな恩を受けてきた。それと同様に、若い世代に成長の機会を提供し、「あなたならできる」と背中を押し、1人ひとりの成長を信じ抜き導いていく。それが、今に生きる私たちが果たすべき大きな役割だ。

中島さんも同じ思いで、日本青年会議所の会頭としてリーダーシップを発揮していたのだろう。

最終章

特別懇談

第67〜71代会頭

池田 祥護・鎌田 長明・石田 全史・野並 晃・中島 土

×

青木 仁志

次世代リーダーが「人を動かす力」を体得するには？

Ⅰ

5人の歴代会頭が語る「私たちはこうやってリーダーシップを開発した」

先輩たちのリーダーとしてのあり方が「生きた教科書」

青木　リーダーを目指す読者の皆さんのために、リーダーシップを身につける際のヒントやエールとなるメッセージをいただきながら、歴代会頭の皆様と議論を深めていきたいと思います。

まずは、よきリーダーになるために自ら学んだものは何かということです。JCあるいは本業で体験したり、学んだりしたことのなかで、最も役に立ったのはどのようなことでしょうか。会頭を務め上げたばかりの中島さんから語っていただきましょう。

中島　私は4人の歴代会頭の皆さんから、「人は何によって動くか」ということを教えていただきました。もし昔の私が会頭に就任していたら、会頭所信を書き、基本理念やタスクを設定するときに、それらを「誰かにやらせる」ことを前提に考えていたでしょう。しかし皆さんの指導から、相手の心に「やりたい」という欲求が生まれるようにするにはどうしたらよいかを学ばせていただきました。
たとえば、私が専務理事を務めさせていただいたときの会頭は野並さんでした。たまに議論が白熱して衝突することもありましたが、野並さんがよく話してくださったのは、まさしく本書に書かれていた、「あなたのリーダーシップという『引き出し』に、いろいろなやり方を入れておいたほうが、きっとあなたの人生にとってプラスになるでしょう」という言葉です。野並さんの指導を受けながら、「なるほど、これが相手の心に火をつける方法か」と気づかされました。私は今年（2023年）6月に社長に就任したのですが、野並さんからいただいたこの気づきは今も本業に活きています。まず「社員が何を求めているのか」をよく理解してから、相手の心に火がつくよう行動する。野並さんのおかげでそれができるようになったと思います。

野並　過分なお言葉を頂戴しまして……（笑）。あくまで中島さんが素晴らしいリーダーだったのだと思います。彼が私の上司だったときもありましたし。たしかに第70代目として会頭を務めた2021年度は、誰に対しても同じことを話していました。中島さんはそういうところを認めてくれていたのだと思います。

中島　今、野並さんのお話を聞いて気づいたのですが、野並さんはじめ池田さんも鎌田さんも石田さんも、相手の立場や役割によって接し方を変えるということはされていなかったですね。人との接し方が常に一貫していてぶれない。統一されていたなと、今改めて思いました。

池田 私は、ＪＣで毎年異なる役職をさせていただくことにより、様々な体験を得られたというのが、非常に大きかったと思います。よく「立場が人を育てる」と言いますが、まさにそのとおり。私は、本業では主に営業的な仕事を得意としていましたが、ＪＣで総務委員長や専務理事という役職を経験させていただきました。そのおかげで、「組織運営とは何ぞや」ということを自分なりに考えることができたのだと思います。

また、麻生 太郎元総理をはじめ、政界の方々や企業経営者など、ＪＣには偉大な先輩方がたくさんいらっしゃいますが、それぞれにとってよきリーダーのあり方、大切にしている価値観は異なります。ＪＣでそういった様々なリーダーのあり方に触れたことで、自分なりの解を見出すことができたのではないかと、ふと感じることがありますね。

鎌田 私も池田さんに同感で、ＪＣを通じて組織運営とは何かということ、そして組織には価値観や興味関心の異なる様々な人たちがいるということを学びました。

正しいか正しくないかはともかくとして、考え方も仕事のやり方も、逆境の乗り越え方も十人十色。青年会議所は、同じようなタイプの人たちが集まった組織ではありません。私は、異なる個性をもった方たちから、「人間」がもつ振り幅の広さやポテンシャルの高さを教えていただいたと思っています。

石田 私は５人の任期のちょうど中間地点となる２０２０年度、第69代会頭を務めました。

２０１８年の池田さんが会頭のときには専務理事として仕え、そのあとを継いだ鎌田さんとは会頭になられる5年ほど前から活動をご一緒させていただきました。そして２０２０年度は、野並さん、中島さんに支えられながら会頭という職務を全うさせていただきました。その間、本当に多くの人たちとの出会いに支えられ、たくさんの学びをいただいたと思います。

先ほどの中島さんのお話と少し重なるのですが、鎌田さんからいただきハッとした言葉があります。私はもともと、自分で決めたことはあまり曲げたくない性格だったのですが、会頭をお受けするときに鎌田さんから「人はそれぞれ違っていていい、その違いを楽しむことが大切だ」「変化を恐れてはいけない」とアドバイスをいただいたのです。それを聞いて、ずっとぼんやりしていたものがパッとクリアになったような気がしました。「この考え方を、仕事はもちろん社会のなかでも役立てていこう。JCを続けてきて本当によかった」とも感じました。

また、池田さんの大きな器と優しさも、私を育ててくれました。２０１８年、多くの試練がありましたが、そのとき私は池田さんの側にお仕えしながら問題解決にあたりました。話し合いをしながら物ごとを決めていくプロセスの1つひとつがとても勉強になりました。

池田 そうですね。あのときは本当に大変でしたね。

鎌田　あのとき、一番苦労されたのは池田さんと石田さんだったと思います。正副会頭会議（常任理事会に先立って行われる事前会議のこと。会頭、副会頭、専務理事が参加する。正副と略される）のメンバーという立場でお2人のやり取りを拝見していましたが、池田さんのどっしりと構える姿勢、石田さんの気配り力が本当に素晴らしく、学ぶことばかりでした。加えて、困ったときに支援してくださる方々の存在がとてもありがたく、その数の多さにも大いに感じ入りましたね。本当に貴重な学びをいただいたと思います。

危機や逆境を乗り切るリーダーの立ち振る舞い

青木　コロナ禍をはじめ、様々な問題が津波のように押し寄せ、まさに「逆境」に立たされることもあったかと思います。JC会員約3万人のトップとして問題解決に取り組むとき、心のなかにどんな「ぶれない軸」をもっていたのでしょうか。各年度、様々な危機的状況が訪れたかと思いますが、リーダーとしてそれらをどう乗り越えたのか、その体験談もお聞かせいただきたいです。

石田　私の任期である2020年度は、問題が起きた場合はまず、副会頭4人と専務理事、そして私の計6人で話し合うように体制を整えていました。自分1人の考えに基づいて決断するのではなく、身近な6人で話し合い、方向性を決めていたのです。皆の声に耳を傾けることが、今起きている現象の問題点や課題を把握するきっかけになると考えたからです。皆で話し合い、皆で決めていくというプロセスが、会頭としての職務を行っていくうえで一番の支えになりました。

青木 衆知を集めるということなのでしょうね。

池田 私も正副のなかで話し合うことが大切だと思っていました。正副のメンバーも、それぞれ副会頭や専務理事という重責を担う人物で、「何がなんでも仕事をやり切る」という相当の覚悟や意志をもって集まってくれています。彼らには、何が起ころうともぶれない軸と強い責任感があります。そういう軸や責任感の核になるものは何なのか。おそらく「逃げられない」という覚悟でしょう。副会頭や専務理事の役職を受けることで、自らの胆力を試しているのだと思っていました。

青木 腹をくくって受けた以上、覚悟を決めて取り組んでいたということですね。

野並 池田さんが会頭を務めた2018年度は、私も委員長を務めさせていただきました。自分が所属するLOMを背負って出向し、切磋琢磨させていただくわけです。ですから「いい訳をするぐらいなら、役職にエントリーして出向してこなければよかったではないか」と皆が思っていたし、実際にそういう空気感がある組織だったと思います。危機という意味では、石田会頭の時代に私の担当ラインで大きなトラブルが起きています。そのときも石田さんは、「大丈夫だ」と泰然と構えていらっしゃいました。それを見て、リーダーが泰然と構えるというのは、組織にとって実に大切なことだと気づかされました。私自身もそういうリーダーの姿を見て安心できたという経験があるので、やはりリーダーはこうでなくてはと改めて感じ入った次第です。実際に自分が会頭になったときに、泰然としていられたかというと、自信はありませんが。私はとにかく動きたくてたまらない人間で、当時専務理事を務めていた中島さんとはよくぶつかりました。「いや、組織として考えたらそれは駄目ですよ、会頭」と、何度もたしなめられたなあと今改めて思い出しましたね（笑）。

青木　そんなことがあったんですね（笑）。

野並　はい。でもそれだけ皆が、「この組織をよくしていこう。どんどん強くしていこう」ということを真剣に考えていたのです。だから皆、自分のエゴを出すのではなく、この組織のために自分がなすべきことを、なすべきタイミングや環境で、自分の軸にしたがって行っている。そんなことを改めて感じた次第です。

青木　と野並さんはおっしゃっていますが、中島さん、いかがですか。

中島　本当に野並さんは抜群の行動力をもった方なので。今、野並さんがおっしゃったように、私は専務理事として「組織をどうやって守り抜くか」ということにフォーカスしていました。ところがいざ会頭になってみたら、私も野並さん同様にどんどん動き回って皆に迷惑をかけてしまいました（笑）。

今の皆さんのお話を聞いていて、池田会頭の年度（２０１８年度）と鎌田会頭の年度

（2019年度）の全国大会に台風が直撃したことを思い出しました。台風がやってくるというので、全国大会開催に向けて準備をしていた会場のしつらえなどを、急遽変更しなければならなくなったのです。予算組みの都合もあり、何をどこまで実施するかという判断を、まさしく秒単位で迫られ続けました。

青木 私は、池田会頭の時代は常任理事、鎌田会頭の時代は地区担当常任理事として、危機に立ち向かう2人の姿を拝見していたのですが、お2人ともまさに泰然と構えていらっしゃいました。時折り笑顔すら見せて、「私たちなら大丈夫だ」と、語っておられました。

中島 危機を乗り切るリーダーの立ち振る舞いはこうでなければ、というお手本ですね。危機のときこそ、よきリーダーは泰然と構えているんですよね。本人の心のなかまではわかりませんが。メンバーにどのような影響を及ぼし、自分自身をどうプロデュースしていくかという点で、大いに勉強させていただきました。先ほど青木先輩がおっしゃった「ぶれない軸」、つまりリーダーとしてどう立ち振る舞うかという自分なりの軸を、皆がしっかりもっていらっしゃるということだと思いますね。

鎌田 私が会頭を務めていた2019年度も、台風の影響により、全国大会（富山大会）の式典を実施するのか中止するのかを決断しなければならないタイミングがありました。検討の結果、実施は難しいという結論になったのですが、その中止を決める会議において、最終的な決定は当然私が下さなければなりませんでした。ところがその会議の前に

竹田 哲之助専務理事（当時）が、「会頭は、『やらない』という言葉を最後まで口にしてはいけません。『できない』という言葉は私が言いますから、あとは黙っていてくださいい」と言ってくれたのです。今考えてもゾクゾクしますよね。こんなことが本当にあるんだなと思いました。

青木 全国大会開催に向けて、皆が本当に頑張っていたなかで、鎌田さんの代わりに専務理事が中止と言ってくださったわけですね。

鎌田 そうですね。彼があのときなぜそう言えたのか。それは、それまでの信頼関係の積み重ねと、「ここまで皆が一生懸命やってきた」という自負があったからだと思います。それらが彼の発言につながったのでしょう。組織のリーダーは、どこかのタイミングで大きな決断を迫られるものです。ただ、その決断はリーダーが下したものではあっても、リーダー1人のものではありません。あくまで皆のものであって、最終的にどんな決断になろうとも、それは自分1人ではなく、皆が出した結論なのだと気づかされました。

石田 2019年度の全国大会のときは、現地でもかなり被害が出ている状況で、式典はどうなるのだろうと心配していました。私は次年度の会頭予定者として、「この式典が終わらなければ、次年度に向けてスタートを切ることができない」という複雑な思いも抱いていました。それも含めて、竹田専務理事とはよく話をしていたのです。私は竹田専務理事の前任者だったので、彼の気持ちはよくわかっていました。彼自身も非常に悩んでいて、そのなかでどう判断をしていくべきか。悩みを共有し合い共に考えました。そういう意味で、組織が本当に1つになっていたのかもしれません。それぞれ考え方も、育った環境も、リーダーシップのあり方も異なります。でも組織の理念は1つ。皆が理念のもとで1つになっていたということは、今でも強く感じています。

池田 本当に同感ですね。2019年度の富山大会での式典は翌日に延期。北陸に台風が直撃するなんて、めったにあることではありませんでした。そういう運命を背負っていたんだなと思います。2018、2019年と2年連続の台風でしたから。しかも2020年度の全国大会(札幌大会)は、台風の影響がない札幌ドームで開催することが決まっていたのに、今度は新型コロナウイルス感染症の影響で、オンライン対応を含む新しい形での開催を余儀なくされました。本当に、人生には何が起こるかわからないということを、まざまざと見せつけられました。そしてそんな状況にどう対応し、皆の期待に応えていくのか。あらゆる手法を用いながら、一定の成果を上げることができたと感じています。

パーパスに向かって進むための「軸」

青木 組織とは人の集まりですが、そこには組織の目指すパーパス、すなわち目的があり、それに向かって進むための1本の軸が通っています。組織のメンバーは「和を以て貴しとなす」の精神で、その軸に沿いながらパーパスに向けて歩んでいく、ということになるのだと思います。

会員数約3万人のＪＣという組織には、日本をよりよい国にするという大きな目的があり、代々の会頭は組織の頂点に立ち、今年度はこれをやっていくと意思決定をします。そして正副で、その年度にやることを事業計画へ落とし込み、さらに具体的な行動計画を立て、実行段階に入っていきます。メンバー1人ひとりの本気度も異なり、持てる能力も得意分野も異なるなかで、組織を1年間しっかりまとめ上げ、メンバー1人ひとりに力を発揮してもらうために心がけていたこと、意識していたことは何ですか？

鎌田 私はよく、「未来を語ろう」と話していました。自分たちが目指す「あるべき姿」が見えていなければ、そこに向かって走ることは困難をきわめます。だから「将来、自分たちはこうありたいよね」「そのためには、こうしなければいけないよね」ということを考えながら、前に向かって進んでいくことが大切だと思うのです。

中島 今の鎌田さんの話にとても感動しました。実は今日、新社長として様々な媒体のインタビューを受けたのですが、「未来を語る」、これが一番大事ですよね。会頭といえばＪＣのトップリーダーですが、そのトップリーダーの上にあるものが、理念やビジョンだと思います。恐縮ながら私は、「会頭とは、理念やビジョンを実現するための1つの機能、もしくは役割にすぎない」という認識をもっていました。ですから会頭を務めた2022年度、理念やビジョンをどうやって自分なりの言葉にし、周囲に伝えるかということにのみ集中したのです。自分自身の考えというより、自分よりも大切な理念やビジョンの実現に向けて、皆で一緒に進んでいこうというメッセージを、言葉と行動で自分なりに伝えていたような気がします。

野並　「組織を重視する」というのもJCの特徴の1つだと思います。そして面白いのは、そのJCという組織は、あくまで個人の集まりだという点です。要は自分の会社の仕事内容や規模などに関係なく、会員個人が同じ年会費を支払ったうえで、たまたまその年、その場所の青年会議所に所属しているということ。そして各地のLOMから出向してきたご縁でメンバー同士が出会い、一緒に活動をしている。組織を重視するという前提が、結果的に役割を全うしようとする個人を尊重しているのです。

それぞれ異なる考え方や能力をもちながら、1人ひとりが個人として自らこの時代に生き、暮らしています。そして、それぞれの地域において自分という1人の人間が、その時々、そしてこれから先、どうやって生きていくのかを考えている。大きな組織ではあっても、このようにメンバー1人ひとりが個人として、地域のなかで生きているという部分に目が届いているところが、JCの1つの大きな特徴だと思います。

だからこそ、青木社長がおっしゃってくださった「約3万人という会員数、この大きな数が社会のよりよい変化のために活動できるか」ということが、ＪＣの組織全体のパワーの向上につながるのだと思います。そのような考えがあったので、私の会頭任期である２０２１年度には、皆が主役だというメッセージを発信し続けました。

石田　私も、「理念を実現したあとの未来はこうなる」というビジョンを共有することが、その理念の実現に最も近づく方法ではないかと思います。「これをやらなければいけない」「やったほうがいい」と提案するだけでは人は動きません。それよりも「これをきちんとやり切ったその先に、こんな未来が開けている。皆でそこを目指そう」という意識を共有するほうが、理念が実現するスピードは上がります。

加えて、トップリーダーよりもはるかに大事な存在である、理念やビジョンの実現にフォーカスするためには、「自分よりも優れている人は必ずいる」ということを頭に刻んでおく必要があります。リーダーはつねに、自分の考えや行動は正しいのだろうかと、疑う目をもっていなければなりません。実際に私自身、ＪＣには自分よりもはるかにいいアイデアをもっている人たちがたくさんいると実感していました。このように、周囲の人たちを信じることが、理念やビジョンに近づくための大きな一歩になるのではないかと思います。

Ⅱ

リーダーを目指す若者たちに学んでほしいこと

アクション・ラーニング――知識に閉じるな、行動で学べ

青木　リーダーを目指している後輩、若者は、所属している組織のなかでこれから多くのことを学んでいくと思います。どんなことを意識し、学んでいくのか。それは人それぞれ異なりますが、皆さんがJCや本業のなかで体験したことも含めて、彼らにどんなことを学んでほしいと思うか、ご意見をうかがいたいと思います。皆さんの後に続く若者たちへの示唆に富んだメッセージをお願いします。

池田　どこまでいっても、世のため人のためということを第一に意識してほしいですね。会社の理念もそうあるべきだと思います。読者の皆さんのなかには、実業の世界で企業経営者として活躍する人も、政治の道に進んでいく人もいるでしょう。自分自身のリーダーシップを確立し、それぞれの分野におけるリーダーとしての役割を、しっかりと果たしていただきたいと思います。

もちろんリーダーとして志を高くもつのは大切なことで、高ければ高いほどやりがいも達成感も大きくなります。でも、志だけでなく、明確な目的意識のもとで当事者意識をもち、仕事をやり切る胆力も高めていただきたいです。その点、ＪＣでは学べることがたくさんあります。たとえば、自分に与えられた役職を1年間全うすることで、これまでとは違った景色が見えるようになるでしょう。仮にその役職が嫌な仕事であったとしてもです。1年、また1年と、新たな役職を全うするなかで、自らの志の実現に活かせる新たな視点に気づく機会を、たくさん得られるはずです。それを前向きに捉えるか、後ろ向きに捉えるかで、自分自身の成長の度合いや、その途中で得られるものは大きく変わるでしょう。ある意味、運命とも言えるかもしれませんが、目の前に訪れたチャンスをしっかりつかみ、積極的にチャレンジすることが将来の糧になると思います。

中島

私の知る限りほぼすべての会頭がおっしゃっていたのが、「あなたが座るその席に、座りたくても座れなかった人がいる」ということです。会頭になりたかったのになれなかった人もいる。だから会頭はもちろん役職者は、それだけの責任をしっかり自覚せよというメッセージが込められていたのだと思います。

会社でもよく、〇〇さんは昇格したけれど、あの人は昇格しなかったといった話があります。以前の私なら、昇格した人だけを称賛していたと思いますが、ＪＣで学ばせていただいたお陰で、チャンスをつかめなかった方に丁寧にアプローチしたり、言葉をかけたりすることができるようになったと思います。

野並 JCという組織の一番の特徴は、知識だけの学びではなく、行動を通じた学びの機会をたくさん得られることです。石田会頭の時代によく「私たちはシンクタンクではなく、ドゥタンクだ」と言われていました。当然のことながら「Do」するためにはそれに関する知識はもちろん、なぜ今その「Do」が必要なのかを判断するための知識が必要です。とくに、知識偏重に陥りやすいという、人としての特性があるなかで、行動をともなう学びが重要なのです。

自分自身が動くことで初めて、「こうすればもっと皆を巻き込める」「この運動はこうすればもっとうまく運営できるはずだ」といった、実体験に基づく気づきを得られます。そういう実体験を繰り返せる組織のなかで、実体験を促す人のサポートを受け、自分自身が実践し多くの人たちを巻き込んでいく。そういったことを意識しながら学び続けることが、これからの時代、不可欠になっていくでしょう。そしてこれは、リーダーに限った話ではありません。

JCという組織は間違いなく、「Do」する、行動する組織ですから、これから先もその長所を活かし続けてほしいと思います。

鎌田 私もJCは、いわゆる「アクション・ラーニング」の一種だと思っています。アクション・ラーニングの根底には、学習の基礎としてアクションが必要だという考え方があります。そしてＪＣも、学習の基礎としての「行動」があり、行動しながら学んでいくことに重きを置いています。ですから「これを学びなさい」と知識を与えるのではなく、行動を通じて学ぶことを推奨しており、ＪＣ自体がそのきっかけをくれる場だという点が、非常に重要なポイントです。

青木　私も学びは、ＪＣという組織の魅力の1つだと思います。学べることがあるというのは、楽しいですよね。

鎌田　ＪＣでは、ある程度の役職者になると、「学ぶこと」に加え「教えること」も求められます。それも非常に重要な体験の場になると思います。皆さんも30代になれば、後輩や部下にいろいろなことを教えなければならなくなります。ところが普通の職場だと、相当なレベルに達しないと教える体験は積めません。その一方でＪＣには、後輩や部下の教育や指導を体験できる場がたくさんあるので、教えることを通じてさらに深い学びを得られます。その点でも、ＪＣは優れた組織だと思います。

石田　私も会頭を務めることになるかもしれないという時期に、自分はどんなリーダーであるべきかを真剣に考えました。これまで見てきたリーダーたちを思い浮かべながら、過去の会頭所信を読み、最後の最後に思ったのは、「自分らしくいこう」ということでした。自分自身は変われないのだから、誰かのようなリーダーを目指すのではなく、自分を信じて自分らしいリーダー像を確立させてやってみよう。それが、私の決断であり、覚悟でした。これからリーダーを目指す人には、誰かのようなリーダーになろうという意識をもつよりも、人はそれぞれ何かしらよいところがあるので、それを前面に押し出そうとしてみてほしいです。

関わる相手をウェルビーイングに導く力

青木　青年会議所は、指導者の集まりでもあると思います。別の表現をすれば、その人自身が行動言語、すなわち行動を通してよりよく生きるとはどういうことかを体現する組織です。それだけにとどまらず、社会貢献を通じてよりよく生きる姿を示しながら、いわゆるウェルビーイング、恒常的な幸福感を実感する生き方ができるように人々を導き、育成していける組織体であってほしいと思います。よい指導者に出会うことで、人は啓発されるのですから。

皆さんと話していると、人を枠にはめず、自由闊達に話し合い、お互いを尊重しながら、相手をよりよく生きる方向に導く、そんな力を感じます。そういった能力は、どのように習得されたのでしょうか？

野並　まず挙げられるのは、「単年度制」という仕組みが確立していることだと思います。会社はもちろん学校もそうですが、一般的に上司と部下、先生と生徒という立場は固定されています。一方、単年度制を採っているJCでは、ある年度では私が中島さんの上司になり、別の年度では中島さんが私の上司になるなど、同じ人同士であっても関係性が変わることがあります。また毎年リーダーが入れ替わるので、様々なリーダー像を見ることもできます。こういった仕組みのおかげでJCには、いろいろな人の行動から様々な要素を学べる機会が充実しているのだと思います。

鎌田　私がJCに入って意識するようになったのは、自分が様々なリーダーの立ち振る舞いを見ているのと同じように、自分自身も多くの人から見られているということでした。入会して間もない頃は入会年次の古い人たちから見られ、様々な指導をいただきました。そして何年か経つと、今度は後から入ってきた人たちに見られる立場になるわけです。もちろん自分もいろいろな人を見ています。そういう、「見る・見られる関係」が人を育てているのではないかと思います。

もちろん、温かい目で見てくれる人ばかりではありませんし、自分自身にもそういったところがあることは否定できません。でも、見る・見られるの関係が単にビジネス上のものではなく、人として見る・見られるの関係になっているところが1つの魅力であり、それが人を育てているのだと思います。

石田　JCには、これだけ異なる考え方や価値観をもった、職業も世代も違う人が在籍しています。OB・OGも含めると相当な数になるでしょう。この組織に入っているというだけで、いろいろな方が親身に相談に乗ったり、アドバイスしたりしてくださいます。JCとずっと関わってきたのは、もちろんこの組織に入ってよかったと感じたからというのもありますが、それ以上に、この組織には社会に大きな変化をもたらす可能性があると信じられたからこそです。

中島　そういう目に見えないJCのパワーを、どうしたら多くの人に伝えられるのだろうかと、ずっと考えていました。JCのような、志のある若者たちが集う組織でなければ、世の中は変えられない、ということに気づいてほしいと思います。

おそらくJCの魅力は、人の可能性を信じなければ、けっして前には進まない組織だということだと思います。申し上げるまでもないことですが、とても会員数が多いので、自分のできることはきわめて限られていて、やればやるほど自分は小さな存在にすぎないのだと実感します。でも私たちは、石田さんが今おっしゃったように、「この組織を通して社会に大きな変化をもたらす」という使命を負っています。その大きな目的を達成するためにリーダーは、人の可能性を信じて一緒にやり抜く姿勢が最も求められると思うのです。

池田さんをはじめ4人の先輩が、今こうやって相互信頼や相互理解のもとに話されているのも、人を信じなければ、けっして前に進まないというJCの仕組みや組織文化が心の根底にあるからではないかと感じます。

Ⅲ「出でよ！ 次世代リーダーたち」――若きリーダーに期待すること

自分らしく、自分を信じ、利他であれ

青木 最後になりますが、「出でよ！ 若き次世代リーダーたち」というテーマで、若者たちに向けたメッセージをいただきたいと思います。

鎌田 最後に、「リーダーは楽しい」ということをお伝えしたいと思います。いろいろ大変なことはありますが、確実にリーダーは楽しいし、おそらく役務を終えたときに「リーダーをやらなければよかった」と後悔することはないと思うのです。ですから、もしリーダーになる機会があるなら、ぜひ挑戦してみてくださいとお伝えしたいですね。

石田 私は、自分らしさを貫いて、大いに努力し学んでほしいと思います。努力と挑戦を繰り返すことで、必ず自分なりにつかめるものがあるはずです。ですから、「誰かのようなリーダーになろう」ではなく、自分らしくリーダーを務めてほしいと思います。

野並 私はリーダーという役割をポジティブに捉えて頑張ってくれる人たちには、「リーダーって、とてもいいものだよ」というメッセージを伝えたいです。リーダーという言

葉をことさら重く受け止める人もいるかもしれません。「リーダーはこれをしなければいけない」「こうでなければいけない」「リーダーは、他人には及びもつかないような力をもっているすごい人だ」というように。そのせいか、「自分にはとてもリーダーは務まらない」とか「リーダーなんかやりたくない」など、リーダーという言葉が後ろ向きの文脈で語られることも少なくない気がします。

そのような方は、リーダーを目指す前にまず、どんなことに対しても当事者意識をもって取り組んでいただきたいと思います。様々な仕事に対して当事者意識をもって取り組み続けていれば、周囲の人たちの判断により、自然とリーダーに押し上げられていくはずです。

だからこそ、当事者意識の積み重ねを大事にしていただきたいです。その結果、周りの人たちがあなたに器の大きさを感じ、自然と組織や責任といったものを任せるようになっていくと思います。

中島 すごいですね。皆さんの人の可能性を信じ抜く力、愛があふれるリーダーシップに深く感動します。やっぱりＪＣはすごい。

読者のあなたがリーダーを志すとき、私と同じように、もしかすると最初はうまくいかないことばかりかもしれません。でもその挑戦は必ず自分自身をレベルアップさせ、得た力を大切な人のために、そして愛するまちのために活用することができます。

ＪＣは愛が「前提」となっている組織です。人に社会に無条件で奉仕をするという愛が当たり前のものとして受け継がれています。どうか多くの先輩方からの愛を受け継ぎ、あなたから次世代の若者にその愛を渡していってください。私にもできました。この本を読まれているあなたなら、必ずできると信じています。

池田　次世代のリーダーに望むのは、学び続けてほしいということですね。学ぶことをやめないでほしい。「よりよくなろう」ということを絶えず求めて、人生を全うしていただきたいと思います。これからのＪＣには、日本人としてのアイデンティティ、そして日本の歴史や文化をしっかり核としながらも、時代のニーズに合わせた形づくりに挑戦していってほしいですね。

青木　私は、教育がこの国の明日を決定すると考え、多くの人と接しながら人材育成に人生を懸けてきました。私が１９８７年に設立し手塩にかけてきたアチーブメント株式会社は、グループ合計２２８名（２０２３年４月現在）ですが、従業員１人ひとりを見ていくと、利他的な人は自らの活躍の場を大きく広げ、様々な役職に用いられている一方、利己的な人は伸び悩んでいます。

私は、あるものごとに対しての「本来こうあるべきだ」という根本となる考え方を「理念」と捉えています。理念は、時代を超えて大切にしなければならない、不変の価値をもっています。その変わらないものをどれだけ大切にできるか。これからの時代を担う若い人たちには、思いを致してほしいと思うのです。

今回、この本を手に取り読んでくださった読者の皆さんにはぜひ、将来、日本を背負っていける素晴らしい指導者に成長していただきたい。

5人のJC歴代会頭の皆さんと深いご縁をいただき、皆さんの言葉やメッセージを後世に残る出版物として世に送り出せることを、本当に嬉しく思います。

おわりに

この本を通して、次世代のリーダーに求められるリーダーシップ、そして新たな未来を切り拓く指導者に必要な能力の本質に触れていただけたかと思います。

私は複雑な家庭環境で育ちました。3歳のときに両親が離婚し義母に育てられ、心の葛藤を抱えた末、17歳のときに高校を中退。北海道・函館の実家を出て東京に来ました。東京にいると聞いていた実母を、働きながら捜すためでした。

今、自分の人生を振り返って思うのは、私が幼少期の頃に育った環境は、必ずしも〝恵まれていなかった〟とは言えないということです。

世間的に見れば、私の生い立ちは不幸であったかもしれません。でも、その複雑な生育環境のなかで、事実をしっかりと見きわめる〝ものの見方〟が養われ、それが、その後の人生を切り拓くうえで役に立ったからです。

中卒の一工員として社会に出て51年目を迎えた今、私が1987年に設立したアチーブメント株式会社は日本経済団体連合会の会員企業となり、私自身も経営者としての仕事のほか、法政大学の客員教授を経験し、ベストセラー作家、ラジオパーソナリティとして、充実した日々を送らせていただいています。

能力開発のスペシャリストとして人材育成に人生を懸けた結果、「人を動かす力」の本質を考えるうえで、リーダーシップに対する深い洞察が必要だと考えるようになりました。

リーダーシップとは、人々をある「正解」に導いていく力。松下電器産業（現・パナソニックホールディングス）創業者の松下幸之助さんは、指導者にとって最も大切なことは何かと問われたとき、「それは、自分より優れた人を使えるということですな。そう、それだけで十分ですわ」と答えたと、PHP総合研究所・元社長、江口克彦さんが話していました。

企業経営者をはじめ、あらゆる分野のリーダーが新しい価値をつくり出していくためには、自分より優れた能力をもつ人の力が必要です。そして、彼らの心に火をつけ、存分に力を発揮してもらうために不可欠なのが志だと思います。

リーダーは、何を目指し、何を成し遂げようとしているのか。リーダーが本心から求めているものに共感するからこそ、人は協力を惜しまないのです。

今回、5人の歴代JC会頭にインタビューをさせていただき、深く感銘を受けたことがあります。それは5人とも例外なく、組織のメンバーに対して行く先を示し、ビジョンを実現させることに知恵を尽くし、「みんなにとってよいこと」を具体的な形にしていく能力を身につけているということです。

たとえ2045年にシンギュラリティが到来し、AIがどんなに進化したとしても、人は人によって磨かれるのであり、コンピュータに人がマネジメントされることはありません。

人を導くのは「人」なのです。

そんな時代だからこそ、本質的な指導力を体得し、自分自身の器を拡張する場として、JCを活用していただけたらと思います。

今、世界は不確実性の時代の真っただ中。コロナ禍後の日本経済は疲弊しきった状態です。まるで他人事のように「失われた30年」という言葉を使い、日本はもう発展しないと主張している人たちもいますが、現実問題、私たちはこの国を発展・繁栄させていかなければなりません。国の発展・繁栄がなければ雇用も生まれず、人々の生活は苦しくなるばかり。社会保障制度が維持できず、次の世代が苦しむことになります。

我々、先輩世代はもちろんですが、これからの日本の担い手となる次世代の皆さんにも、よりよい社会をつくるために力を尽くす役割と責任を共に負っている、という自覚をもっていただけたら幸いです。

人は、いつでも、どこからでもなりたい自分になれるし、よくなれる。

そんな信念をもち、これからの人生を切り拓いていってほしいと切に願います。

私自身は、自らが目指す日本を代表する能力開発コンサルタントになる道を、これからも追い求めていくつもりです。「老いては益益《ますます》盛んなるべし」（『後漢書《ごかんじょ》』）という言葉もありますが、未来の日本のために、指導者の育成に力を注いでいきたいと思います。

青木仁志　あおき　さとし

アチーブメント株式会社 代表取締役会長兼社長
アチーブメントグループ CEO

北海道函館市生まれ。若くしてプロセールスの世界で腕を磨きトップセールス、トップマネジャーとして数々の賞を受賞。その後、能力開発トレーニング会社を経て、32歳のときに選択理論心理学を基礎理論としたアチーブメント株式会社を設立。会社設立以来、約47万名の人財育成と、7,000名を超える中小企業経営者教育に従事している。自ら講師を務めた公開講座『頂点への道』講座スタンダードコースは28年間で毎月連続700回開催達成。現在は、経営者向け『頂点への道』講座アチーブメントテクノロジーコース特別講座を担当する。同社は、Great Place To Work® Institute Japan が主催する「働きがいのある会社」ランキングにて8年連続ベストカンパニーに選出（2016-2023年度、従業員100-999人部門）され、また、日本経済新聞による『就職希望企業ランキング』では、社員数300名以下の中小企業にて最高位（2014年卒対象 就職希望企業ランキング第93位）を獲得。2022年11月より東京商工会議所議員企業として選出され、2023年1月より東京商工会議所における教育・人材育成委員会の副委員長、中小企業委員会の委員、イノベーション・スタートアップ委員会の委員を務める。現在では、グループ3社となるアチーブメントグループ最高経営責任者・CEOとして経営を担うとともに、一般財団法人・社団法人など3つの関連団体を運営している。2022年、教育改革による日本再建を目指し、超党派の国会議員でつくられた「教育立国推進協議会」に民間有識者として参画。会長代行として活動している。著書は、40万部のベストセラーとなった「一生折れない自信のつくり方」シリーズ、松下政経塾でも推薦図書となった『松下幸之助に学んだ「人が育つ会社」のつくり方』（PHP 研究所）など、累計65冊。

青木仁志オフィシャルサイト

https://www.aokisatoshi.com

アチーブメントのSNSはこちら

公式ツイッター @achievement33
公式フェイスブックページ https://www.facebook.com/achievementcorp/
公式インスタグラム achievement_message

次世代リーダーに求められる

人を動かす力

2023年（令和5年）7月6日　第1刷発行

著　者　青木仁志
発行者　青木仁志
発行所　アチーブメント株式会社
〒135-0063 東京都江東区有明3-7-18
有明セントラルタワー19F
TEL 03-6858-0311（代）／FAX 03-6858-3781
https://achievement.co.jp/
発行所　アチーブメント出版株式会社
〒141-0031 東京都品川区西五反田2-19-2 荒久ビル4F
TEL 03-5719-5503／FAX 03-5719-5513
https://www.achibook.co.jp

装丁・本文DTP ―― 鈴木大輔・江﨑輝海（ソウルデザイン）
取材協力 ―― 池田祥護・鎌田長明・石田全史・野並 晃・中島 土
編集協力 ―― 加賀谷貢樹
校正 ―― 株式会社ぷれす
印刷・製本 ―― 株式会社光邦

ISBN 978-4-86643-133-8